Kinderen, mij een zorg

KINDEREN, MIJ EEN ZORG

BETEKENIS EN GRENZEN VAN DE PEDAGOGISCHE *CIVIL SOCIETY*

ANKE VAN DIJKE – LINDA TERPSTRA

uitgeverij
SWP

Kinderen, mij een zorg
Betekenis en grenzen van de pedagogische civil society
Anke van Dijke, Linda Terpstra

ISBN 978 90 8850 421 1
NUR 840

DE THEMA'S DIE AAN BOD KOMEN IN DIT ESSAY

Een stelselwijziging is een uitgelezen moment om een analyse te maken van verworvenheden en knelpunten; om na te gaan op welke punten verbeteringen noodzakelijk zijn.

De pedagogische *civil society* is een belangrijk concept geworden bij de vormgeving van de transitie.

Systematische verwaarlozing, mishandeling en misbruik hebben een desastreuze uitwerking op kinderen.

De stelling dat kindermishandeling een gezinsprobleem zou zijn, is niet meer houdbaar. Onderzoek laat zien dat kindermishandeling ook vaak voorkomt in (kinder)tehuizen en in pleeggezinnen; zelfs vaker dan in een gezin.

Kindermishandeling is een probleem van ons allemaal: van de ministeries en hun ministers, van alle politici, van leerkrachten in het basis- en voortgezet onderwijs, van de tandarts en de dokter.

Ondanks alle inzet en alle aandacht voor preventie, ondanks de meldcode, de protocollen en de AMK's hebben we nog altijd geen adequaat antwoord op vergaande verwaarlozing en kindermishandeling. We zien het niet of veel te laat.

Amerikaanse wetenschappers noemen traumatische gebeurtenissen in de kindertijd *the hidden epidemic* omdat het zo vaak voorkomt, zo weinig wordt opgemerkt en zulke grote gevolgen heeft als kinderen eenmaal volwassen zijn.

In de (jeugd)zorg en de (jeugd)ggz is er weinig aandacht voor schokkende en potentieel traumatische gebeurtenissen die kinderen en jongeren in hun leven hebben meegemaakt.

Trauma's worden vaak niet herkend.

We kijken alleen naar de bovenliggende, actuele problematiek. Dat terwijl de onderliggende problematiek de actuele problematiek in standhoudt.

De huidige aanpak van kindermishandeling faalt.

De pedagogische *civil society* is een inspiratiebron en een belangrijk concept geworden voor de transitie en de transformatie van de zorg voor jeugd in Nederland.

Het zijn niet alleen de slachtoffers en de plegers die zwijgen over kindermishandeling; ook de professionals zijn vaak oorverdovend stil. We vragen kinderen en jongeren domweg niet naar misbruik en mishandeling.

Gemeenten hebben het concept van de (pedagogische) *civil society* omarmd.

De pedagogische *civil society* is omstreden onder professionals.

Een belangrijk kritiekpunt van de pedagogen op het 'oude stelsel' is dat problemen rond opvoeding en ontwikkeling te veel in het ziektemodel zijn getrokken.

Visie op gespecialiseerde zorg ontbreekt.

Als we het alleen maar hebben over terugdringen van de gespecialiseerde zorg, zonder het te hebben over de *waarde* en de *betekenis* van de gespecialiseerde zorg, dan is de gespecialiseerde zorg niet langer ingebed in het stelsel van de zorg voor jeugd. Dan wordt de gespecialiseerde zorg het stiefkind van het nieuwe stelsel.

Het debat over de pedagogische *civil society* en de gespecialiseerde zorg lijkt soms vanuit loopgraven uitgevochten te worden.

Nu komen we er in een traject van *trial and error* vaak pas achter dat een kind of jongere zware en complexe problematiek heeft. We zouden vaker het lef moeten hebben om direct 'zwaar' te beginnen.

Direct inzetten van dure gespecialiseerde zorg is soms goedkoper dan starten met minder dure lichte zorg. Vanuit het perspectief van revictimisatie en intergenerationele overdracht kan dure gespecialiseerde zorg als preventie worden beschouwd.

De transitie van de jeugdzorg zou niet alleen als doelstelling moeten hebben om de 2de lijnszorg terug te dringen, maar ook om de gespecialiseerde zorg fundamenteel te verbeteren.

De pedagogische *civil society* vraagt gedragswetenschappers en psychiaters naar de wijken, de gezinnen en de scholen te komen om het 'gewone' opvoeden te versterken. De gespecialiseerde zorg zou de pedagogische *civil society* moeten vragen om naar de klinieken, de internaten en de jeugdgevangenissen te komen om het sociale vangnet rond kinderen te versterken.

De pedagogische *civil society* is voor kwetsbare en beschadigde kinderen en jongeren wellicht nog belangrijker dan voor 'gewone' kinderen en jongeren.

De rijksoverheid wil toe naar algemene jeugdzorgvoorzieningen waar alle jeugdigen met 'serieuze en structurele' problemen terechtkunnen. Ze noemen dat: 'specialisme binnen generiek aanbod'.

'Specialisme binnen generiek aanbod' is een *contradictio in terminis*.

De toekomstige zorg voor jeugd zou er aan moeten bijdragen dat kwetsbare kinderen, jongeren en ouders geen faalervaringen meer opdoen. Dit vraagt om een andere manier van denken.

Draag zorg voor institutionele wezen. Laten we kinderen die nergens meer terecht kunnen en letterlijk of figuurlijk wees zijn, vast houden en niet 'dumpen'.

Gemeenten moeten een aanjager van innovatie worden in plaats van een aanjager van standaardisatie. Het streven om iedereen hetzelfde te behandelen creëert ongelijkheid. Verschillende mensen hebben verschillende dingen nodig.

De waarschuwingen en aanmoedigingen vanuit de *civil society* beweging zijn net zo relevant voor burgers als voor professionals.

Er is werk aan de winkel.

INHOUD

HOOFDSTUK 1 AANLEIDING

Transitie en transformatie[1]
Met de transitie in de jeugdzorg krijgen gemeenten de verantwoordelijkheid voor de uitvoering van alle zorg voor kinderen, jongeren en hun opvoeders. Het doel: de zorg voor jeugd herkenbaarder, dichterbij en minder bureaucratisch organiseren. Daarmee staan gemeenten voor een omvangrijke uitdaging die drie grote opdrachten omvat:

Transitie: gemeenten bereiden zich voor op de overname en inrichting van de taken en verantwoordelijkheden op het gebied van jeugd-ggz, provinciale jeugdzorg, gesloten jeugdzorg, jeugdreclassering, jeugdbescherming en jeugd-lvg.
Besparing: deze taken moeten zij verwezenlijken met een aanzienlijke besparing; netto € 80 miljoen in 2015, oplopend tot € 300 miljoen vanaf 2017.
Transformatie: met als resultaat een nieuwe opbouw van de ondersteuning en zorg voor jeugdigen en hun opvoeders binnen hun sociale context, met waar nodig een integrale aanpak van de problematiek.

Aanleiding voor dit essay is de transitie en de transformatie van de jeugdzorg. Een stelselwijziging vindt niet vaak plaats. Het is een uitgelezen moment om een analyse te maken van verworvenheden en knelpunten; om na te gaan op welke punten verbeteringen noodzakelijk zijn. Kortom, het is een uitgelezen moment om een transformatie in gang te zetten.

De pedagogische *civil society* is een belangrijk concept geworden bij de vormgeving van de transitie. Het concept komt voort uit een kritische reflectie op ontwikkelingen in de huidige jeugdzorg en jeugd-ggz. Het behelst een waarschuwing tegen het medicaliseren en problematiseren van opvoedingskwesties, het is een pleidooi voor meer samenwerking met ouders, een oproep tot een gelijkwaardiger relatie tussen ouders en professionals, een oproep tot participatie van burgers, een gebod aan elke burger om zich ook met andermans kinderen te bemoeien, en, ten slotte, een pleidooi voor een actievere rol van jongeren zelf. Het benadrukt dat de omgeving buiten het directe gezin van cruciale betekenis is voor de ontwikkeling van een kind en dat het dus een gemiste kans is als men de sociale netwerken rondom het gezin niet mobiliseert om problemen te helpen oplossen.[2] De pedagogische *civil society* is een statement tegen 'het ruige individualisme dat het belang van de sociale omgeving ontkent'.[3]

In dit essay bekijken we de transitie van de jeugdzorg vanuit het perspectief van de meest kwetsbare en beschadigde kinderen in Nederland. Kinderen waarmee niets mis was toen ze op de wereld kwamen, maar die door hun omgeving in de problemen zijn gekomen. Hun ouders waren niet in staat om hen te bieden wat zij nodig hadden om op te groeien, en ook professionals waren hier vaak niet toe in staat. Dit essay dragen we aan hen op omdat zij zelden de opvoeding, de ondersteuning, de hulp en de behandeling krijgen die zij nodig hebben. Bij de inrichting van het nieuwe stelsel kunnen we ons voordeel doen met de ervaringen en verhalen van deze kinderen en hun ouders. Wij willen deze kwetsbare kinderen en hun ouders een stem geven en hen positioneren in het debat over de transitie en de transformatie. We laten u kennismaken met enkele van deze kinderen.

De jongen die een roofoverval pleegde

De jongen die een roofoverval pleegde is al jong bij zijn eigen vader en moeder weggehaald en onder toezicht geplaatst. Hij kwam in een pleeggezin terecht en had nauwelijks of geen contact meer met zijn biologische ouders. In het pleeggezin werd hij mishandeld en misbruikt. Zijn pleegvader dwong hem seksuele diensten te verlenen aan vreemden. Hij was wanhopig, woedend, radeloos. Hij móest ontsnappen. Hij kende niemand die hij om hulp kon vragen en vatte als 14-jarige jongen het idee op om een winkel te overvallen: hij had geld nodig om te kunnen ontsnappen. *De jongen die een roofoverval pleegde* werd opgepakt en belandde met een PIJ-maatregel in een jeugdgevangenis. Na vele overplaatsingen kwam hij na 6,5 jaar weer op vrije voeten. Hij was 21 jaar en maakte de trieste balans op van zijn leven. Hij was eindelijk vrij, woonde op kamers, maar was een gevangene van zijn verleden. Het lukte hem niet om een plekje te veroveren in de samenleving. Hij had geen vrienden, hij wilde geen contact met zijn pleegouders en zijn biologische ouders had hij maar een paar keer gezien in zijn leven. Eigenlijk had hij alleen contact met de jongens uit de gevangenis. Daar kon hij wel op terugvallen, maar dat zou ook een keuze zijn voor een leven in de criminaliteit. En dat wilde hij niet. Hij probeerde werk te vinden, maar werd nergens aangenomen. Ondanks het feit dat hij jarenlang onder verantwoordelijkheid van de Nederlandse staat in een (jeugd)gevangenis had doorgebracht, had hij geen enkel certificaat of diploma en geen vak geleerd.

Hij realiseerde zich dat hij op een kruispunt stond in zijn leven: óf hij zou contact leggen met de jongens die hij kende uit detentie en de criminaliteit in gaan óf hij moest iets doen met zijn verleden. "Ik voel me soms net een wandelende bom. Als ik mijn verleden geen plek geef, gaat het vroeg of laat mis." In detentie wilde hij geen behandeling. "Dan moet je je kwetsbaar opstellen en dat kun je je echt niet permitteren in een gevangenis. Dan gaat je kop er af." Trouwens, niemand wist van de mishandelingen, de aanrandingen en verkrachtingen, het feit dat zijn pleegvader hem verkocht voor seks. *De jongen die een roofoverval pleegde* vertelde er voor het eerst over toen een medewerker van *Defence for Children* hem interviewde over de omstandigheden in de jeugdgevangenis.

Het meisje met het konijn

Het meisje met het konijn is, net als de meeste van haar broertjes en zusjes, direct na haar geboorte bij haar moeder weggehaald omdat haar moeder niet in staat was voor haar te zorgen. Als kind heeft ze haar moeder slechts sporadisch gezien omdat haar moeder geen goede invloed op haar had: verslaafd, pathologisch leugenaar en notoire dievegge. De afgelopen vier jaar heeft ze haar moeder helemaal niet meer gezien.

Op haar dertiende had *het meisje met het konijn* in twaalf pleeggezinnen en tehuizen gezeten. Ze vertrouwde volwassenen niet meer; ze kon zich niet meer hechten. Ze kon zich alleen nog maar hechten aan haar konijn. En, als iemand haar toch kon bereiken, als er iets ontstond van een band of wederzijdse affectie, dan móest ze het kapotmaken. In het gezinshuis waar ze woonde ging het verrassend goed. Totdat ze de gezinshuisvader van ernstige delicten beschuldigde, die niet waar waren. Ze kon niet meer in het gezinshuis blijven wonen en werd doorgeplaatst naar de volgende voorziening. Hier kreeg ze een *Big Sister*, een maatje. Ze logeerde regelmatig in het gezin van de *Big Sister* en had goed contact met de kinderen in het gezin. Het klikte. Op een dag wilde ze niet meer naar haar *Big Sister* toe, ze wilde haar nooit meer zien. Zelf zegt ze hierover: 'Iedere keer als ik iemand aardig begin te vinden, heb ik het gevoel dat ze de plaats van mijn moeder inneemt.

Ik kan dat niet verdragen. Ik kan het gewoon niet verdragen.' Op dat moment had ze haar moeder al vier jaar niet gezien.

Er werd ingezet op herstel van het contact tussen *het meisje met het konijn* en haar moeder. In eerste instantie verliep het contact goed. Na verloop van tijd kondigde de moeder van het meisje aan dat ze haar dochter nooit meer wilde zien. Haar moeder kon niet verdragen dat haar dertienjarige dochter tijdens de systeemtherapie openlijk sprak over de dingen die ze tijdens het weekendverlof thuis meemaakte: winkeldiefstal en andere zaken die het licht niet konden verdragen. Ze maakte haar dochter uit voor leugenaar en verbrak het contact. Het meisje maakte zich zorgen over haar halfzusje van negen maanden die thuis woonde bij haar moeder. Als veertienjarige stond *het meisje met het konijn* voor een onmogelijke keuze. Als ze koos voor haar moeder moest ze meegaan in de leugens van haar moeder en de zorgen over haar halfzusje negeren. Ze koos voor openheid en eerlijkheid en verloor daarmee opnieuw het contact met haar moeder.

Het meisje dat in de kast sliep

Het meisje dat in de kast sliep was, was 19 jaar oud toen ze door de politie uit huis werd gehaald. Een buurvrouw had de politie gewaarschuwd omdat ze soms een meisje in de tuin van de buren zag dat verder nooit buiten kwam. Het meisje had tien jaar opgesloten gezeten in huis. Een enkele keer mocht ze even een luchtje scheppen in de tuin. Ze stond iedere ochtend om 6.00 uur op, deed het huishouden en kookte voor de hele familie. Ze werd doorlopend vernederd, uitgescholden, geknepen, gestompt, geschopt, geslagen met voorwerpen. 's Nachts werd ze misbruikt door haar broer, een neef, haar vader en een oom. Ze was in Nederland niet naar school geweest en sprak daardoor geen Nederlands. In de opvang sliep ze in het begin in een afgesloten kast omdat ze niet in bed durfde te slapen. Ze raakte in paniek als ze in een bed lag. Ze raakte ook in paniek als ze ergens op werd aangesproken of iets niet goed had gedaan. Dan kromp ze in elkaar en kroop onder de tafel. *Het meisje dat in de kast sliep* heeft nooit geleerd hoe ze zich kan handhaven in de gewone wereld. Ze heeft alleen geleerd beschikbaar en dienstbaar te zijn, aan alle eisen en grillen van anderen te voldoen, zichzelf weg te cijferen. Ze heeft geleerd hoe ze de knop om kan zetten zodat ze de grove schendingen van haar lichamelijke integriteit en de vernederingen kan overleven. Dit meisje doet denken aan de hoofdpersoon van een indringend boek dat Renate van der Zee schreef over incest in eerculturen.[4] In dit waargebeurde verhaal wordt Ibtisam als kind seksueel misbruikt door haar broers. Er is niets wat ze eraan kan doen, want in het traditionele Marokkaanse gezin waarin ze opgroeit, is de familie-eer heilig, en naar de buitenwereld toe wordt nooit iets schandelijks prijsgegeven. Ibtisams broers worden behandeld als prinsen en hoeven nooit ergens verantwoording over af te leggen. Seks is een taboe en buiten het huwelijk streng verboden; als het gebeurt, krijgt de vrouw vrijwel altijd de schuld. Er zit voor Ibtisam niets anders op dan haar mond te houden en haar broers jarenlang hun gang te laten gaan.

Het meisje dat in de kast sliep komt ook uit een eercultuur. Ze is verstoten door haar familie. Haar familie heeft aan iedereen verteld dat ze dood en begraven is. Ze kan nooit meer terug naar huis en het is gevaarlijk om familie of bekenden tegen het lijf te lopen.

Desastreuze uitwerking van systematische verwaarlozing, mishandeling en misbruik

Systematische verwaarlozing, mishandeling en misbruik hebben een desastreuze uitwerking op kinderen: op hun vermogen zich te hechten aan anderen; op hun emotionele, cognitieve, neurologische, fysiologische en persoonlijkheidsontwikkeling. Het heeft niet alleen een desastreuze uitwerking op hun ontwikkeling, maar ook op hun vermogen om zich zonder kleerscheuren te handhaven in de samenleving. Vanuit onze ervaring met mishandelde, misbruikte en verwaarloosde kinderen, jongeren en hun ouders hebben wij daarom behoefte ons te mengen in het debat over de zorg voor jeugd. Hoe moet de zorg voor jeugd er uit moet zien na de transitie en de transformatie? Wat hebben de gespecialiseerde zorg en de pedagogische *civil society* deze kinderen en hun ouders te bieden? Hoe verhoudt de gespecialiseerde zorg zich tot de pedagogische *civil society* en vice versa?

Daarbij willen we alle betrokkenen uitdagen om het wat minder te hebben over stelsels, budgetten, schaalgrootte, regie, organisatiebelangen, domeinen en bezuinigingen. Dat leidt alleen maar tot bureaucratische en technocratische redeneringen en discussies. We roepen alle betrokkenen op om door de ogen van kinderen en jongeren naar het huidige en toekomstige stelsel van de zorg voor jeugd in Nederland te kijken.

Ten slotte willen we Shenna Werson, Amanda de Wind, Marina Reijns, Gerda de Groot, Francien Lamers, Heleen Jumelet, Ferko Öry, Marloes Schreur, Marijke Schilperoord en Micha de Winter bedanken voor hun prikkelende commentaar en hun waardevolle suggesties bij de totstandkoming van dit essay.

Anke van Dijke
Linda Terpstra

Fier Fryslân
Februari 2013

HOOFDSTUK 2 KWETSBARE EN BESCHADIGDE KINDEREN

Voordat we ingaan op de transitie van de jeugdzorg willen we stilstaan bij de kinderen en jongeren waaraan we dit essay hebben opgedragen. Het leven van deze kinderen vormt de inspiratiebron voor dit essay. We gaven al aan dat er niets mis was met deze kinderen toen ze werden geboren. Het waren gezonde baby's die alles in zich hadden om uit te groeien tot gezonde en energieke jongeren. Ze kwamen echter in een gezin terecht dat beschadigend was, ze kregen te maken met hulpverleners, met crisisplaatsingen, uithuisplaatsingen, veroordelingen en onder toezichtstellingen. Voor veel van deze kinderen geldt dat wat hun ouders hen niet konden bieden ook niet geboden kon worden door de jeugdzorg. Integendeel: niet alleen hun ouders waren beschadigend voor hen, de jeugdzorg was dit ook.

Falende opvoeding kan leiden tot stoornissen

Hoe jonger kinderen geconfronteerd worden met traumatische gebeurtenissen zoals verwaarlozing, mishandeling en misbruik, hoe groter de impact ervan is. De impact is verder groter naarmate de gebeurtenissen ernstiger en structureler van aard zijn en als ze gepleegd worden door de ouder of verzorger van een kind. 'Als traumatisering binnen het gezin plaatsvindt, dan is diegene waarvan het kind afhankelijk is voor stressregulatie ook de bron van stress. Vroegkinderlijk, chronisch getraumatiseerde kinderen ontbreekt het aan voorwaarden om zelf te leren stress te reguleren. Door negatieve ervaringen met de hechtingsfiguur, de ouder, ontwikkelt het kind angst om zich te hechten. Deze kinderen worden dan verscheurd door angst om dichtbij de ander te zijn en hebben tegelijkertijd een heel grote behoefte daaraan.'[5]

Als kinderen in hun eerste levensjaren te maken krijgen met structurele kindermishandeling, is de schade doorgaans het grootst. Dit komt omdat kinderen zich in hun eerste levensjaren moeten leren hechten aan anderen. Kinderen hebben de aangeboren neiging een vertrouwde persoon op te zoeken in tijden van nood. Sensitieve ouders voorzien in deze behoefte, waardoor een veilige gehechtheidrelatie ontstaat. Hierdoor kunnen kinderen opgroeien tot sociaal vaardige, empatische, competente en stabiele volwassenen. Een veilige hechting zorgt er voor dat voor het kind angst en stress gereguleerd worden. Een kind heeft deze basis nodig om de vrijheid te voelen om zijn aandacht te verschuiven van verdediging en veiligheid naar andere ontwikkelingstaken, zoals exploratie, leren en spel.

Gevolgen van herhaald misbruik, mishandeling en verwaarlozing

De gevolgen van herhaald misbruik, mishandeling en verwaarlozing zijn doorgaans problemen met gehechtheid, hechtingsstoornissen, traumatisering en disfunctionele strategieën om met stress en negatieve emoties om te gaan. Een zeer complexe vorm van traumatisering is vroegkinderlijke (chronische) traumatisering. Deze vorm van traumatisering zie je bij kinderen die langdurig zijn blootgesteld aan een combinatie van diverse vormen van kindermishandeling, waaronder seksueel misbruik, huiselijk geweld, verwaarlozing en psychische mishandeling. De gevolgen worden nu vaak als aparte symptomen en ziektebeelden gezien. Arianne Struik[6], een van de specialisten in Nederland op het terrein van vroegkinderlijke traumatisering, geeft aan dat het probleem bij veel van deze kinderen is dat hun klachten niet herkend worden als mogelijke gevolgen van traumatisering. 'Ze worden gediagnosticeerd met ADHD of een leerstoornis en krijgen onterecht medicatie voorgeschreven om hun concentratie te verbeteren. Ook worden de gebrekkige emotieregulatie, het beperkte mentaliserend vermogen, de sociale problemen en verstoorde gehechtheid regelmatig toegeschreven aan een stoornis in het autistisch spectrum. Dit heeft tot gevolg dat deze kinderen vanuit een handicapmodel worden ondergestimuleerd, met onderbehandeling tot gevolg. Dissociatie kan onverklaarbare gedragsproblemen veroorzaken en kinderen worden getypeerd als pathologische leugenaars, gedragsgestoord, lui, gemeen, stiekem. Helaas is er nog weinig bekend over dissociatieve stoornissen bij kinderen. Daardoor wordt de oorzaak van deze problemen vaak niet onderkend.'[7]

Developmental Trauma Disorder

Om de complexiteit van de problematiek te vatten, hebben Amerikaanse traumadeskundigen voor deze problematiek de diagnose *Developmental Trauma Disorder* voorgesteld. Een belangrijk kenmerk van deze stoornis is dat 'de gebeurtenissen plaatsvinden binnen het systeem waarin het kind opgroeit, de sociale omgeving, die verondersteld wordt juist de bron van veiligheid en stabiliteit te zijn. De gebeurtenissen treden tegelijkertijd of opeenvolgend op en impliceren verschillende vormen van kindermishandeling: affectieve en pedagogische verwaarlozing, seksueel misbruik, lichamelijke mishandeling, getuige zijn van huiselijk geweld. De gebeurtenissen zijn chronisch en beginnen in de vroege jeugd.'

'De gevolgen zijn divers en vergroten de kans op volgende traumatisering. De eerste reeks ervaringen leidt tot: emotionele ontregeling, verlies van een veilige thuisbasis, verlies van richting, onvermogen om gevaar te herkennen of er adequaat op te reageren. Een volgende reeks van traumatiserende ervaringen betreft doorgaans opnieuw een opeenstapeling van verschillende vormen van geweld en verwaarlozing.' 'Verslechtering of klinische symptomen kunnen zich manifesteren op zeven gebieden: hechting, biologie, emotieregulatie, dissociatie, gedragsregulatie, cognities, en zelfbeeld. De verslechtering vindt plaats in een ontwikkelingscontext en is ook van invloed op het vervolg van de ontwikkeling.'[8]

Als deze kinderen geen adequate hulp krijgen, ontstaan er in de kindertijd vaak internaliserende problemen, zoals teruggetrokken gedrag, depressie en concentratieproblemen. In de vroege puberteit is er vervolgens vaak sprake van een omslagpunt en ontstaan er – naast internaliserende problemen - externaliserend probleemgedrag, gezags- en gedragsstoornissen en oppositioneel gedrag. De kans is groot dat deze kinderen als volwassene kampen met persoonlijkheidsproblematiek, zoals een borderline persoonlijkheidsstoornis of een antisociale persoonlijkheidsstoornis.

De diagnose *Developmental Trauma Disorder* omvat de volgende clusters van samenhangende kenmerken en problemen[9]:
- ervaren van herhaald en ernstig interpersoonlijk geweld;
- significante onderbrekingen in de hechting;
- affectieve en fysiologische disregulatie, waaronder problemen in affectregulatie, regulatie van lichaamsfuncties, zoals slapen, eten, over/onder reactiviteit op geluid en aanraking, verminderd bewustzijn/dissociatie van lichaamssensaties, emoties en lichaamstoestand;
- disregulatie van aandacht en gedrag, zoals preoccupatie met gevaar, zichzelf niet kunnen beschermen, zichzelf geruststellen door hoofdbonken of obsessieve masturbatie, zichzelf beschadigen, zich niet doelgericht kunnen gedragen;
- disregulatie van zichzelf en relaties, waaronder preoccupatie met veiligheid van verzorger, negatief zelfbeeld, wantrouwen, agressie ten opzichte van anderen, niet passende manieren van

> intimiteit zoeken zoals erotiserend gedrag, onvermogen om
> empathie te reguleren zoals geen of teveel empathie tonen;
> - posttraumatische spectrum symptomen;
> - verstoring in het functioneren op één of meerdere van de vol-
>   gende gebieden: school, gezin, leeftijdsgenoten, justitie, licha-
>   melijk en werk.

'Hij praat er nooit meer over, dus ik denk dat hij het wel verwerkt heeft'

Het is essentieel om kinderen die kampen met de gevolgen van (vroeg-kinderlijke) traumatisering zo vroeg mogelijk hulp te bieden vanwege de sterk negatieve invloed op het cognitief en sociaal-emotioneel functioneren en op de neurobiologische ontwikkeling. Behandeling is van belang om kinderen en adolescenten optimale ontwikkelingskansen te bieden en ontwikkelingsstagnatie te voorkomen. Toch krijgen getraumatiseerde kinderen meestal geen of geen gepaste behandeling. Enerzijds omdat de traumatisering niet wordt herkend, anderzijds omdat er geen goede behandelmethode is voor deze groep kinderen. Arianne Struik schetst wat er mis kan gaan: soms volgen deze kinderen wel een groepsbehandeling, maar dissociëren ze tijdens die bijeenkomsten en blijft dat onopgemerkt door therapeuten. Na de behandeling verdwijnen de klachten niet of slechts gedeeltelijk. 'Het kind was er nog niet aan toe', wordt er dan gezegd en er wordt geadviseerd om terug te komen als het kind er wel aan toe is. Dat gebeurt bijna nooit vanzelf. 'Het trauma raakt op de achtergrond', zegt men dan, 'Hij praat er nooit meer over, dus ik denk dat hij het wel verwerkt heeft. Het is al zo lang geleden.' Er wordt geadviseerd het verleden te laten rusten en geen slapende honden wakker te maken. Daardoor blijven die kinderen onnodig met ernstige klachten rondlopen. Ze worden vervolgens aangemeld met vermoedens van ADHD, autisme of gedragsproblemen. Of een pleeggezinplaatsing mislukt en een kind wordt langdurig in een leefgroep geplaatst, want het is 'niet geschikt voor een gezinssituatie' en 'niet in staat zich te hechten'.

Het is moeilijk om deze kinderen tot traumaverwerking te bewegen, omdat ze meestal alles vermijden wat met hun traumatische herinneringen te maken heeft. Ze zien zelf niet in dat hun klachten het gevolg zijn van die ervaringen. Soms weet je niet wat ze hebben meegemaakt, omdat ze er nooit over praten en zijn er alleen vermoedens op basis van hun klachten. Als je erover begint merk je dat de stress te hoog oploopt.[10]

De jongen die een roofoverval pleegde is hier een mooie illustratie van. Hij heeft nooit iemand in vertrouwen genomen. Niemand wist van de mishandeling, het misbruik en de kinderhandel. Toen hij 21 was vertelde hij er voor het eerst over, toen hij helemaal in het nauw zat en zich realiseerde dat hij een wandelende tijdbom was.

We zijn nog steeds geneigd om een scherpe scheidslijn te trekken tussen slachtoffers en daders van geweld. Toch hebben veel plegers als kind traumatische ervaringen opgedaan: mishandeling, seksueel geweld, emotionele verwaarlozing. Veel slachtoffers, vertonen ook dadergedrag. Bijvoorbeeld getraumatiseerde moeders die hun kinderen mishandelen. Mensen die in een onveilige of gewelddadige omgeving opgroeiden, vertonen doorgaans hetzelfde soort problemen.

Zowel slachtoffer- als dadergedrag is het gevolg van een onderliggend wereldbeeld, hechtingsmodel en dysfunctioneel emotioneel functioneren. Kinderen die in een onveilige, instabiele omgeving opgroeien hebben moeite met het benoemen van en omgaan met hun eigen gemoedstoestanden, en zijn geneigd bij oplopende stress snel de controle over hun eigen emoties en gedrag te verliezen. Ze ontwikkelen gewoonlijk disfunctionele strategieën om toch enige controle te verwerven. Om negatieve gemoedstoestanden op afstand te houden of controleverlies te vermijden, nemen ze hun toevlucht tot drank- of drugsmisbruik, vreetbuien, braken, automutilatie, ontkenning, zich (seksueel of gewelddadig) afreageren op anderen et cetera.

Getraumatiseerde kinderen, jongeren en volwassenen zijn bang voor de confrontatie met hun onverwerkte geschiedenis. Ze vertonen (soms zeer extreem) vermijdingsgedrag om contact met bedreigende herinneringen of emoties te ontwijken. Ze hebben troost en veiligheid nodig om hun trauma's te kunnen verwerken, daders net zo goed als slachtoffers.

Uitgelicht: seksueel misbruik

Een gebruikt en misbruikt kind reageert vaak niet meer 'normaal' op intimiteit, seksualiteit en relaties. 'Een kind dat seksueel wordt misbruikt, wordt geconfronteerd met seksueel gedrag waar het qua leeftijd en ontwikkeling nog niet aan toe is. De seksuele ontwikkeling van het kind vindt plaats op een manier die disfunctioneel is, gezien de leeftijd en de betekenis die seksualiteit krijgt. Het kind wordt bijvoorbeeld voor seksueel gedrag beloond of krijgt liefde en aandacht in ruil voor seks, of seksueel gedrag wordt geassocieerd met geweld en bedrog. Een van de belangrijkste gevolgen is dat het kind al jong geseksualiseerd gedrag gaat vertonen. Seks is de manier om iets gedaan te krijgen in een relatie, om liefde te krijgen of om het gevoel van eigenwaarde te verhogen. Er zijn aanwijzingen dat adolescenten die als kind seksueel zijn misbruikt zich eerder in risicovolle seksuele interacties begeven, met een grotere kans op soa en ongewenste zwangerschappen. Revictimisatie (herhaald slachtofferschap) kan zich voordoen wanneer, als gevolg van een (oud) gevoel van machteloosheid, slachtoffers minder assertief zijn. Er is veelvuldige empirische evidentie voor revictimisatie van slachtoffers van seksueel misbruik. Behalve gebrek aan assertiviteit en risicovol seksueel gedrag kunnen psychologische problemen en alcohol- en drugsgebruik van invloed zijn. Ten slotte kan het slachtoffer als gevolg van stigmatisatie een negatief zelfbeeld ontwikkelen, met als gevolg *acting-out* gedrag of juist het vermijden van relaties.'[11] Als signalen van seksueel misbruik bij kinderen van 10 jaar en ouder worden onder meer genoemd: *acting-out* gedrag en destructief gedrag zoals: middelenmisbruik, seksueel actief, prostitutie, suïcidaliteit, automutilatie, eetstoornis, verkeerde vrienden, zich ontrekken aan gezag van de ouders of zich juist isoleren, terugtrekken, niets meer willen, niets leuk vinden.[12]

In het volgende hoofdstuk staan we stil bij de omstandigheden waardoor deze kinderen zo beschadigd zijn geraakt.

Ellen vertelde niet meer over de straffen, de klappen, het begluren en het betasten

Uit Ellens dossier:

Ellens ouders zijn gescheiden toen ze vijf jaar was. Haar moeder wilde scheiden omdat vader Ellen begluurde en betastte. Na de scheiding kreeg moeder een nieuwe partner. Deze bleek ook 'fout'. Ook hij begluurde Ellen, was te vrijpostig en te amicaal. Ellen vond hem geweldig, moeder vond het grensoverschrijdend en heeft ook deze man de deur gewezen.

Er was een omgangsregeling en Ellen ging van haar vijfde tot haar twaalfde, samen met haar broertje, om het weekend naar haar vader. Ze is jarenlang stelselmatig en in stilte mishandeld door haar vader. Soms kreeg ze een heel weekend niet te eten of te drinken omdat ze zich niet aan de regels had gehouden. Als ze van de spanning had overgegeven moest ze haar eigen kots opeten. Haar vader gooide haar een keer van de trap. Ze werd vaak opgesloten. Andere keren moest ze in haar onderbroek of soms naakt urenlang buiten in de tuin staan, terwijl het regende of sneeuwde. Naast fysieke mishandeling was er al die jaren ook sprake van seksueel grensoverschrijdend gedrag: seksueel getinte aanrakingen, begluren.

Liegen

Ellen is begonnen met liegen toen het op z'n ergst was met de mishandelingen bij haar vader. Als haar vader haar een klap had gegeven of haar had gestraft, dan zei Ellen dat hij dit zomaar had gedaan. Dat was liegen, want haar vader zei dat ze het zelf had uitgelokt. Maar ze wist niet zo goed wat ze dan fout had gedaan. Ze is toen ook begonnen met liegen tegen haar moeder. Wanneer haar moeder haar ophaalde, was ze vaak in paniek. Als ze haar moeder vertelde wat er in het weekend gebeurde bij haar vader werd haar moeder boos. Ze geloofde Ellen niet. Of haar moeder kreeg hoofdpijn van Ellens verhalen en ging naar bed. In het begin vertelde Ellen de ergste dingen niet meer. Later vertelde ze helemaal niet meer wat er in het weekeind gebeurde. Of ze zei dat het leuk was geweest. Dat was liegen. In die periode had ze 's nachts last van nare gedachten, ze was verdrietig, was ook erg bang. Ze bleef naar haar vader gaan omdat ze het zielig vond voor haar vader. Ellen heeft nog steeds een probleem met liegen. Ze is gefrustreerd dat ze niet meer weet wat echt is en wat ze heeft verzonnen. Nu merkt ze steeds vaker dat leeftijdgenoten haar niet meer moeten omdat ze zat zijn van al haar leugens.

Ellen vertelde niet meer over de straffen, de klappen, het begluren en het betasten. Ze plaste steeds vaker in bed, kreeg nachtmerries en angstaanvallen. Ze durfde niet meer alleen te zijn. Ellens moeder ging naar Bureau Jeugdzorg.

De Raad voor de Kinderbescherming werd gevraagd onderzoek te doen. Toen kwam de mishandeling naar voren. Ellens moeder stopte de omgangsregeling onmiddellijk. Ellen deed aangifte tegen haar vader van lichamelijk geweld en verwaarlozing. Ze was toen twaalf. Sindsdien heeft ze geen contact meer met haar vader. Het doet haar allemaal niet veel, zegt ze.

Ontsporing

Ellens moeder vertelt dat Ellen tot haar negende een goed aangepast en sociaal kind was. Ze is altijd een lief, rustig en ietwat verlegen meisje geweest. Zorgzaam en open in contact. Van haar negende tot haar elfde veranderde dat langzaam. Haar gevoel werd oppervlakkig en ze zocht baldadige kinderen op om mee te spelen. Ze ontkende glashard wat ze allemaal gedaan had. In het begin van de puberteit rookte ze, gebruikte alcohol en ging met jongens naar bed. Sinds een jaar of drie is dit omgeslagen in problematisch, grensoverschrijdend en ambivalent gedrag: het ene moment rustig en ogenschijnlijk onverstoord, het andere moment hysterisch. Ellen is in toenemende mate aan het ontsporen: ze heeft heftige conflicten met moeder over regels en grenzen, er is sprake van comazuipen, ze trekt continu op met rare foute vriendinnen en vrienden, heeft slechte schoolresultaten, heeft onveilige en wisselende seksuele contacten en reageert ogenschijnlijk onverschillig op dit alles. Ellen heeft moeite om zich in te leven in anderen. Moeder ervaart Ellen als een koele kikker. Ze is haar al zo'n jaar of vier kwijt.

Ellen heeft een 'vriendje' dat ze al van jongs af aan kent. Hij gedraagt zich problematisch en grensoverschrijdend en Ellen vindt dit reuze interessant. In schooltijd heeft ze regelmatig seksueel contact met hem en gaat daarna terug naar de les. Haar vriendinnen maken zich zorgen om haar; met name omdat Ellen een stuk verder gaat in haar onbesuisde gedrag dan de anderen.

Toen Ellen elf was maakte ze naaktfoto's van zichzelf en mailde deze rond op school. Een jaar geleden heeft een vriend haar gedwongen seks te hebben. Ze ziet dit zelf niet als verkrachting, maar het is wel tegen haar zin gebeurd. Daarna is ze ook met vrienden van hem naar bed gegaan. Toen ze eenmaal ontmaagd was kon het haar allemaal niet meer zo veel schelen. Ellens vriend heeft geen lichamelijk geweld tegen haar gebruikt, maar wel geestelijk geweld. Na de ontmaagding werd ze veel uitgescholden en hij wilde dat ze met zijn vrienden naar bed ging.

Ellen ging op haar twaalfde voor het eerst naar een psycholoog. Omdat ze steeds verder ontspoorde plaatste Bureau Jeugdzorg haar op haar veertiende in een gespecialiseerde voorziening voor slachtoffers van loverboys.

HOOFDSTUK 3 OVER OUDERS DIE MISHANDELEN EN VERWAARLOZEN EN DE TWEE LINKERHANDEN VAN DE STAAT

Kindermishandeling werd en wordt vaak beschreven als een gezinsprobleem, als een probleem van ontoereikende ouders. De stelling dat kindermishandeling een gezinsprobleem zou zijn, is niet meer houdbaar. Onderzoek laat zien dat kindermishandeling ook vaak voorkomt in (kinder)tehuizen en in pleeggezinnen; zelfs vaker dan in een gezin.[13][14] In de volgende definitie van kindermishandeling wordt onderstreept dat niet alleen individuen maar ook instituties en de samenleving als geheel verantwoordelijk kunnen zijn voor kindermishandeling: *'Any act of commission or omission by individuals or institutions, or society as a whole, and any conditions resulting from such acts or inaction, which deprive children of equal rights and liberties, and/or interfere with their development, constitute, by definition, abusive or neglectful acts or conditions.'*[15] Kindermishandeling is niet alleen een gezinsprobleem, het is een probleem van *'society as a whole'*. Het is een probleem van ons allemaal: van de ministeries en hun ministers, van alle politici, van leerkrachten in het basis- en voortgezet onderwijs, van de tandarts en de dokter. Kindermishandeling is niet alleen een probleem van *'society as a whole'*, het is ook de verantwoordelijkheid van *'society as a whole'*. De samenleving draagt verantwoordelijkheid voor het nemen van acties, maar het is de samenleving ook aan te rekenen als er geen actie wordt ondernomen. De kinderrechtenmonitor onderstreept dat slachtoffers van kindermishandeling recht hebben op goede *evidence based* behandeling. Dit recht vloeit voort uit artikel 19 en 39 van het Kinderrechten Verdrag.[16] In het verlengde hiervan merkt de Kinderombudsman op dat het opvallend is dat wij in Nederland geen cijfers hebben over de behandeling van slachtoffers van kindermishandeling.[17]

Mishandelende en verwaarlozende ouders

Lange tijd is benadrukt dat kindermishandeling overal voorkomt, in alle lagen van de bevolking. Natuurlijk is dat waar, maar onderzoek naar mishandeling en verwaarlozing laat duidelijke risicofactoren zien. Het risico op mishandeling en verwaarlozing blijkt groter te zijn wanneer ouders problemen met zichzelf hebben, niet goed kunnen omgaan met (de problemen van) het kind, of wanneer het gezin onder moeilijke omstandigheden leeft. We noemen hier de belangrijkste risicofactoren.[18]

Ten eerste. Ouders die zelf als kind mishandeld zijn of als kind andere negatieve ervaringen in de gezinsomstandigheden hebben meegemaakt, lopen een groter risico om hun eigen kind te mishandelen. Geschat wordt dat ongeveer een derde van deze ouders later zelf hun kind mishandelt. Een moeder die in haar jeugd getuige was van geweld of zelf te maken had met seksueel misbruik is één van de meest voorkomende risicofactoren voor kindermishandeling.

Ten tweede. Ouders die kampen met psychische of psychiatrische problemen, zoals depressie, emotionele instabiliteit en een gebrek aan zelfwaardering, lopen een groter risico om hun kind te mishandelen. Depressie van de moeder is één van de meest voorkomende risicofactoren voor kindermishandeling.

Ten derde. Ouders met verslavingsproblemen lopen een groter risico om hun kind te mishandelen: 30%-90% van de verwaarlozende ouders en 50% van de fysiek mishandelende ouders heeft verslavingsproblemen.

Ten vierde. Er is een sterk verband tussen mishandeling en een combinatie van werkloosheid, laag inkomen en financiële zorgen. Het risico op kindermishandeling is bijna zeven keer groter in gezinnen met zeer laag opgeleide ouders. Werkloosheid van beide ouders vergroot het risico hierop ruim vijf keer.

Ten vijfde. Ontbreken van praktische en emotionele steun uit het sociaal netwerk is een belangrijk kenmerk van mishandelende en verwaarlozende gezinnen. Sociaal isolement van moeders is een van de meest gevonden risicofactoren voor kindermishandeling. Ouders die hun kind fysiek mishandelen hebben soms wel een sociaal netwerk, maar hun contacten daarmee zijn vaak zo conflictueus dat ze die niet als ondersteunend ervaren.

Ten zesde. Kinderen die extra zorg, aandacht en geduld van ouders vragen, lopen meer risico om mishandeld of verwaarloosd te worden. Denk aan te vroeg geboren kinderen, kinderen met een lichamelijke of verstandelijke handicap, kinderen met een moeilijk temperament zoals huilbaby's en kinderen die vaak ziek zijn. Vroeggeboorte en laag geboortegewicht zijn één van de meest gevonden risicofactoren voor kindermishandeling.

Ten zevende wordt ook stress genoemd als risicofactor. Stress hangt echter veelal samen met andere risicofactoren zoals armoede, kinderen die extra zorg nodig hebben en psychiatrische problematiek.

Ten slotte willen we hier nog aandacht vragen voor vechtscheidingen: ouders die elkaar de tent uit vechten, voorafgaand aan en na de scheiding. Hoewel we vechtscheidingen niet in de literatuur over kindermishandeling tegenkwamen, is het een fenomeen dat we in de hulpverlening veel tegenkomen en waar kinderen evident schade aan oplopen.

Opvallend is dat er bij verwaarlozing en mishandeling van kinderen een hoog risico bestaat op intergenerationele overdracht, geweld dat van generatie op generatie wordt doorgegeven. In dit verband is het verder relevant dat veel volwassenen met ernstige verslavings- en psychiatrische problematiek een achtergrond hebben van misbruik, mishandeling of verwaarlozing. De volwassenen die zich nu schuldig maken aan mishandeling en verwaarlozing waren vaak zelf als kind slachtoffer van mishandeling en verwaarlozing.

Een belangrijke reden om kinderen uit huis te plaatsen is als ouders de veiligheid van hun kind niet kunnen waarborgen. Opmerkelijk is dat voorzieningen en/of pleeggezinnen waar deze kinderen worden geplaatst soms net zo beschadigend zijn als de situatie waar ze uitgehaald zijn.

Achtergronden van de ouders[19]

Traumatische jeugdervaringen
Ouders die als kind zelf mishandeld, verwaarloosd of misbruikt zijn, kunnen moeite hebben om liefde en warmte aan hun kinderen te geven. Ze zijn niet in staat om hun kind anders op te voeden dan op de manier die zij zelf ervaren hebben.

Alcohol- of druggebruik
Verslaafde ouders zijn zo met zichzelf bezig dat de zorg voor hun kinderen erbij inschiet. Bovendien veroorzaakt het alcohol- en druggebruik nogal eens agressieve uitbarstingen.

Overspannen verwachtingen
Veel (aanstaande) ouders hebben een geïdealiseerd beeld van wat het inhoudt om kinderen te hebben. Ze realiseren zich onvoldoen-

de dat een kind een voortdurend appel op zijn ouders doet en dat het niet allemaal rozengeur en maneschijn is. Als de zorg tegenvalt, kan het kind daarvan de dupe worden.

Onwetendheid
Vaak weten ouders niet wat ze van een kind op een bepaalde leeftijd kunnen verwachten. Ze stellen dan niet-realistische eisen en zijn teleurgesteld als het kind daar niet aan voldoet. Onterecht wordt het kind dan voor ongehoorzaam, onwillig of stout uitgemaakt en gestraft.

Heel jonge ouders
Deze ouders kunnen vaak de verantwoordelijkheid niet aan die het hebben van een kind met zich meebrengt. Jonge meisjes willen soms een kind om hun eigen tekort aan liefde aan te vullen. De baby is dan een vervanging.

Ouders met een verstandelijke beperking of ouders met een psychiatrisch ziektebeeld
Ouders die hun kind mishandelen of verwaarlozen hebben relatief vaak last van psychische of psychiatrische problemen. Depressie van de moeder is één van de meest voorkomende risicofactoren voor kindermishandeling. Ook bij ouders met een verstandelijke beperking is de kans op mishandeling of verwaarlozing groter.

Als de staat de verantwoordelijkheid van ouders overneemt

Kinderen zoals *de jongen die een roofoverval pleegde* en *het meisje met het konijn* zijn al heel jong uit huis gehaald, soms direct bij de geboorte. We verantwoorden dit door er op te wijzen dat hun ouders hun veiligheid niet kunnen waarborgen en deze kinderen in hun ontwikkeling worden bedreigd. Dit brengt een zware verantwoordelijkheid met zich mee. Impliciet zeggen we immers dat wat de ouders van deze kinderen niet kunnen, gegarandeerd wordt door de overheid (jeugdzorg): een veilig opvoedingsklimaat en een gezonde ontwikkeling. Voor veel kinderen is het tegendeel waar. Zij komen in een systeem dat wordt gekenmerkt door instabiliteit en gebrek aan hechtingsfiguren, waar vaak sprake is van een repressief pedagogisch klimaat en waarin kinderen een hoog risico lopen op seksueel misbruik.

Instabiliteit en gebrek aan hechtingsfiguren - Deze kinderen komen in een systeem terecht dat hen voortdurend verplaatst. Iedere nieuwe overplaatsing is een nieuwe afwijzing. Iedere mislukking thuis of in de residentiële zorg geeft deze kinderen de boodschap mee dat *niets werkt*, dat ze *te moeilijk zijn*, dat uiteindelijk niemand zich écht aan hen verbindt. Verder worden ze steeds opnieuw bevestigd in hun wereldbeeld dat anderen (volwassenen) niet betrouwbaar zijn en dat ze zelf niet de moeite waard zijn. Ze ontwikkelen problemen met hechting en vertrouwen. Op den duur hebben ze een uiterst ambivalente attitude ten opzichte van relaties: ze hebben een intens verlangen naar een intieme relatie, iemand die hen ziet, van hen houdt, er voor hen is; tegelijkertijd zijn ze doodsbang dat ze opnieuw worden afgewezen en boezemt écht contact, een échte relatie hen grote angst in. Na verloop van tijd zien we kinderen die enorme risico's nemen voor een snippertje aandacht.[20]

Het meisje met het konijn heeft op haar dertiende twaalf pleeggezinnen en residentiële voorzieningen gezien en we weten niet hoeveel er nog zullen volgen. De jongen die een roofoverval pleegde weet niet meer hoe vaak hij is overgeplaatst, en het is niet denkbeeldig dat hij ergens in zijn leven opnieuw in een beschermdwonenvoorziening, een gevangenis, een tbs-kliniek, een verslavingskliniek of een GGZ-instelling belandt. Een psychiater van een penitentiaire Inrichting zei hierover: 'Dan spoelen ze weer bij ons aan in de gevangenis, dan weer op de gesloten afdeling van een psychiatrische kliniek, dan weer in de maatschappelijke opvang of de vrouwenopvang. Ze slapen misschien een tijdje in een park of bij iemand die ze heeft opgepikt'.

Pedagogisch klimaat - Peer van der Helm, hoofd onderzoek van het cluster *Social Work* en Toegepaste Psychologie bij de Hogeschool Leiden, deed onderzoek naar het pedagogisch klimaat in de (gesloten) jeugdzorg.[21] Ook zijn oordeel is niet mis te verstaan: jongeren groeien op in een repressief en onderdrukkend klimaat. Een open, stimulerend en warm klimaat, noodzakelijk voor een gezonde opvoeding, ontbreekt in deze voorzieningen. Een enkele medewerker weet, ondanks het repressieve klimaat, op persoonlijke titel écht contact te realiseren met jongeren. Maar dit is ondanks het pedagogische klimaat in de voorziening, niet dankzij.

Seksueel misbruik - De commissie Samson deed onderzoek naar seksueel misbruik van minderjarigen die onder verantwoordelijkheid van de overheid in instellingen of pleeggezinnen zijn geplaatst. De titel van het onderzoek liegt er niet om: *Omringd door zorg en toch niet veilig*[22]. Van iedere 1000 meisjes in de residentiële jeugdzorg worden er 264 misbruikt. Meer dan een kwart van de meisjes die al in de problemen zitten en daarvoor hulp krijgen wordt (opnieuw) misbruikt! Meestal wordt het misbruik gepleegd door een groepsgenoot, vrijwel zonder uitzondering jongens. Overigens ligt het misbruik onder jongens ook hoog.

Het is opvallend dat zoveel kinderen hebben aangegeven seksueel misbruikt te zijn. Juist in de puberteit en de vroege adolescentie is de scheidslijn tussen vrijwillige seks, opgedrongen en afgedwongen seks, aanranding en verkrachting niet altijd even makkelijk te trekken is. Misschien wilde het meisje wel zoenen en strelen maar niet 'neuken' en was ze niet assertief genoeg om een grens te trekken. Of er werd domweg niet naar haar grens geluisterd: wie A zegt moet ook B zeggen. Bovendien geven kinderen zichzelf vaak de schuld als het 'te ver' is gegaan en 'labelen' grensoverschrijdingen niet als seksueel misbruik. "Dan had ik maar niet moeten zoenen." "Ik had ook niet mee moeten gaan naar zijn kamer." Des te opmerkelijker dat een kwart van de meisjes aangeeft dat ze misbruik(!)-ervaringen heeft. Wie weet op welke cijfers we uitkomen als we het grijze gebied meenemen waarin 'het' verder is gegaan dan een meisje wilde.

Van iedere 100 misbruikzaken die kinderen rapporteerden bij de commissie Samson werden er twee gerapporteerd door professionals. Professionals waren dus van niet meer dan zes van iedere 264 misbruikzaken op de hoogte!

We willen niet onnodig kritisch zijn, maar er is hier sprake van kindermishandeling in de residentiële zorg, van institutionele verwaarlozing. Deze kinderen raken verder beschadigd in een systeem dat de opdracht heeft hun veiligheid en ontwikkeling te waarborgen.

We wisten het al lang

We willen in deze paragraaf nader ingaan op seksueel misbruik in de residentiële zorg. Voor de meeste professionals, directeuren en bestuurders in de jeugdzorg konden de resultaten van de commissie Samson geen verrassing zijn, de cijfers waren hooguit een bevestiging van hetgeen ze al lang wisten. Het is al lang bekend dat kinderen die in instellingen zijn geplaatst makkelijk seks met elkaar kunnen hebben op toiletten, slaapkamers en andere plekken. Het is een publiek geheim dat er ook aanrandingen en verkrachtingen tussen kinderen en jongeren onderling plaatsvinden. Het staat nu op papier. Dat is belangrijk. Een publiek geheim transformeert in een maatschappelijk vraagstuk! Natuurlijk is het schokkend dat kinderen die onder de verantwoordelijkheid van de overheid vallen een hoog risico lopen op misbruik. Maar we willen dit vraagstuk belichten vanuit een andere invalshoek. Hoe kan het dat seksueel misbruik in internaten al zo lang een publiek geheim is? Waarom kan iedereen op de hoogte zijn, terwijl het niet wordt aangepakt? En wordt dat anders nu de commissie Samson misbruik in internaten op de maatschappelijke en politieke agenda heeft gezet? In het verlengde van deze vragen willen we nog twee kwesties aan de orde stellen, namelijk de kwestie 'madonna of hoer' en de kwestie 'ethiek en pedagogiek'.

Madonna of hoer – De Gezondheidsraad heeft aangegeven dat er weinig kennis en kunde in Nederland is als het gaat om hulpverlening en behandeling van kinderen die seksueel misbruikt zijn.[23] Hierdoor zien professionals de signalen van misbruik over het hoofd en vervallen vervolgens in stereotypen als 'hoer' of 'madonna' om niet bij de leeftijd passend seksueel gedrag te duiden. We geven twee voorbeelden.

Het eerste voorbeeld heeft betrekking op Tonja. Edwin werkt bij Bureau Jeugdzorg en is casemanager van Tonja. Tonja is 12 jaar en aangemeld vanwege gezags- en gedragsproblemen. Ze trekt zich weinig aan van volwassenen, ziet er leuk uit en hangt op straat rond met oudere jongens. Ze heeft een vriend van 21 jaar. Over die vriend maakt Edwin zich de minste zorgen: je ziet tegenwoordig wel vaker dat meisjes *vroegrijp zijn*. Drie jaar later blijkt Tonja in handen te zijn gevallen van een loverboy. Het referentiekader dat Edwin gebruikt is dat meisjes tegenwoordig vroeg rijp zijn. Daarom maakt hij zich geen zorgen als een 12-jarig meisje met een negen jaar oudere jongen naar bed gaat. Daarom heeft hij er ook niet bij stilgestaan dat dit volgens de wet verboden is en dat deze wetgeving is opgesteld om minderjarige meisjes hiertegen te beschermen. Hij heeft zich niet afgevraagd of het niet bij Tonja's leeftijd passende gedrag verband zou kunnen houden met misbruik.

Het tweede voorbeeld heeft betrekking op meisjes in de gesloten jeugdzorg. Onne is als behandelcoördinator van een Jeugdzorgplus voorziening betrokken bij de hulpverlening aan slachtoffers van loverboys. Hij vertelt een collega dat verhalen van slachtofferschap soms niet waar zijn: "Dan blijkt dat meiden helemaal niet onder druk zijn gezet of er geld voor hebben gekregen. Het zijn gewoon *losbandige meiden, meiden die veel experimenteren.*"[24] Het referentiekader dat Onne gebruikt is dat een meisje pas slachtoffer is als ze onder druk is gezet, als ze opgesloten en mishandeld is, als ze misleid is en er geld voor haar is betaald. Meiden die losbandig zijn en met *jan-en-alleman* naar bed gaan, ziet Onne niet als slachtoffer. Deze meiden zijn gewoon losbandig. Dat is heel iets anders.

Wat Onne en Edwin niet weten is dat meiden seksueel wervend en promiscue gedrag kunnen ontwikkelen als reactie op een aanranding of (groeps)verkrachting of als ze seks hebben gehad terwijl ze er nog niet aan toe waren. Terwijl sommige misbruikte meisjes geen aanraking van een jongen of een man meer kunnen verdragen, zijn er ook meisjes die na het misbruik bijna dwangmatig met jongens en mannen naar bed gaan. Waar Onne niet bij stilstaat is dat wervend en promiscue gedrag niet normaal is voor minderjarige meisjes en dat dit gedrag niet toevallig ontstaat. Hij vraagt zich niet af hoe het komt dat deze meisjes zich losbandig gedragen. Als Onne tijdens zijn opleiding had geleerd wat de gevolgen kunnen zijn van mishandeling en misbruik, dan had hij geen losbandig meisje gezien, maar had hij zich afgevraagd of deze meiden misschien misbruikt waren omdat hun gedrag niet bij hun leeftijd past. Misbruikte en gebruikte meiden hebben er baat bij als professionals hun gedrag adequaat interpreteren en niet blijven steken in de stereotypen 'madonna' of 'hoer'.

Ethiek en revival van de pedagogiek - Maar het is niet alleen een kwestie van kennis en opleiding. Het is ook een kwestie van ethiek: een kritische bezinning over het juiste handelen. Het zou al een wereld van verschil zijn als iedere professional, iedere directeur en iedere bestuurder die met en voor kinderen en jongeren werkt, het eigen handelen toetst aan de vraag of hij of zij ook zo zou handelen als het zijn of haar eigen kind zou zijn. Het zou zinnig zijn als dit referentiekader algemeen geaccepteerd wordt voor het beroepsmatig handelen en wordt vastgelegd in de verschillende beroepscodes.

Ten slotte willen we de noodzaak van een *revival* van de pedagogiek onderstrepen. Het gaat er niet alleen om deze kinderen te beschermen en hun problemen te behandelen. Deze kinderen en jongeren hebben recht op opvoeding. Het gaat niet alleen om het getraumatiseerde kind dat zichzelf in gevaar brengt, maar evenzeer om de volwassene die leiding geeft aan het kind en bereid is verantwoordelijkheid te nemen voor het kind dat onder zijn of haar verantwoordelijkheid is gebracht.

Professionals die met kinderen werken zijn per definitie pedagoog. Dat geeft hen de verplichting om verder te kijken dan de poort van de voorziening; het vraagt hen om het perspectief van het kind te kiezen.

Het is nu eenmaal zo[25]

Jannie is behandelcoördinator bij een Jeugdzorgplus instelling: "Er zijn ook jongens die de meisjes rechtstreeks bij de poort ophalen en die brengen hen dan ook niet terug. Dan worden ze later weer teruggevonden en dan zijn er weer vervelende en nare dingen gebeurd, en de keer daarop gebeurt weer hetzelfde." Kim is pedagogisch medewerker en werkt ook in een Jeugdzorgplus instelling. Het zit haar dwars dat meisjes buiten de muren van de instelling 'loslopend wild zijn': "Er staat dan een groepje jongens tussen de bushalte en het pand te wachten op de meiden. Net uit het zicht van de groepsleider. Als wij ze opmerken dan bellen wij de politie en die stuurt ze weg. Dat gaat meestal goed. Nu is het weer even stil aan de poort, maar ze kunnen er elk moment weer staan."[4]

Jannie en Kim zijn betrokken hulpverleners, maar hun mandaat houdt letterlijk op bij de poort van de instelling. Het is niet gebruikelijk dat zij een meisje begeleiden naar de bushalte. De bushalte is het terrein van de politie. En het is al helemaal niet gebruikelijk dat zij een meisje naar huis brengen. Daar is de financiering en de formatie niet op berekend. Zij worstelen met het feit dat de veiligheid van 'hun pupillen' tijdens het (weekend)verlof niet gegarandeerd is en dat er 'kennelijk' niemand verantwoordelijk is voor wat er met meisjes gebeurt als ze op verlof zijn. In ieder geval gaat hun mandaat niet zo ver.

Het referentiekader dat Jannie en Kim gebruiken zijn de gewoonten en de regels van hun instelling. De jeugdzorgplus instelling waar zij werken vindt dat de verantwoordelijkheid van de instelling niet verdergaat dan de voordeur. Binnen de muren van de instelling zijn Jannie en Kim verantwoordelijk voor het wel en wee van de meiden die zijn geplaatst. Buiten de muren van de instelling is het de verantwoordelijkheid van voogden, ouders en politie. Misschien gaan Jannie en Kim er vanuit dat er wet- en regelgeving ten grondslag ligt aan de regels die er in hun instelling worden gehanteerd en denken ze dat het niet anders kan. Misschien hebben ze er nog nooit over nagedacht: "Het is nu eenmaal zo".

Maar waarschijnlijk zijn het vooral gewoonten die in de loop van de tijd zijn ontstaan; het is de *cultuur* van de instelling en het zou ook anders kunnen. Misschien kunnen Jannie en Kim samen met de ouders van de meiden of met de directeur of de bestuurder van hun instelling creatieve – out of the box - oplossingen bedenken voor het probleem van het weekendverlof.

HOOFDSTUK 4 KINDERMISHANDELING, WE MISSEN HET MASSAAL

Terwijl kindermishandeling zo'n vergaande implicaties kan hebben voor de ontwikkeling van kinderen, missen we het massaal. Ondanks alle inzet en alle aandacht voor preventie, ondanks de meldcode, de protocollen en de AMK's hebben we nog altijd geen adequaat antwoord op vergaande verwaarlozing en kindermishandeling. We zien het niet of veel te laat. En daar waar we het wél zien, staan we nog in de kinderschoenen wat betreft behandeling. Bij kindermishandeling en huiselijk geweld is er een hoog risico op revictimisatie en intergenerationele overdracht. We zullen de komende jaren in ieder geval moeten inzetten op strategieën, interventies en behandelprogramma's die de gevolgen van kindermishandeling behandelen en revictimisatie en intergenerationele tegengaan.

The Hidden Epidemic

Amerikaanse wetenschappers noemen traumatische gebeurtenissen in de kindertijd *the hidden epidemic*[26] omdat het zo vaak voorkomt, zo weinig wordt opgemerkt en zulke grote gevolgen heeft als kinderen eenmaal volwassen zijn. Uit hun onderzoek, the Adverse Childhood Experiences, komt naar voren dat volwassenen, die in hun kindertijd traumatische gebeurtenissen hebben meegemaakt, veel vaker en veel meer problemen hebben dan volwassenen die geen traumatische gebeurtenissen hebben meegemaakt.

In Nederland werd een vergelijkbaar onderzoek uitgevoerd door TNO.[27] Uit dit onderzoek komt naar voren dat één op de zes Nederlanders in zijn jeugd fysiek is mishandeld door zijn ouders of andere volwassenen: kinderen werden in hun gezin vaak geduwd en geslagen door een volwassene of kregen dingen naar hun hoofd gegooid. Bijna 10 procent zei wel eens zo hard te zijn geslagen door hun ouders dat ze blauwe plekken opliepen of gewond raakten. Bijna één op de vijf Nederlanders geeft aan emotioneel mishandeld te zijn door zijn ouders: zij werden veelvuldig uitgescholden, gekleineerd of vernederd door een ouder of een andere volwassene.

Percentage volwassenen in Nederland dat als kind te maken heeft gehad met traumatische gebeurtenissen (TNO)

Emotional neglect	21%	Household Mental Illness	10%
Emotional abuse	19%	Mother treated violent	8%
Physical abuse	17%	Household Substance Abuse	8%
Parental Separation or Divorce	15%	Physical Neglect	5%
Sexual abuse	10%	Incarcerated Household Member	2%

Als jongeren zelf gevraagd wordt naar kindermishandeling geeft een derde van de scholieren van 12 tot 17 jaar aan óóit kindermishandeling meegemaakt te hebben in de vorm van ernstige psychologische agressie van ouders, fysiek geweld binnenshuis, waargenomen fysieke conflicten tussen ouders, seksueel misbruik en/of ernstige verwaarlozing. Eén op de vijf jongeren had in de afgelopen twaalf maanden ervaringen met kindermishandeling.[28]

Als we volwassenen en jongeren zelf aan het woord laten, geeft dus 20 tot 30% aan met kindermishandeling te maken te hebben gehad. Deze percentages staan in schril contrast met de zaken die bij professionals bekend zijn. Als we uitgaan van het aantal kindermishandelingzaken dat professionals rapporteert, dan zou 3% van de kinderen en jongeren in Nederland te maken hebben met kindermishandeling. Uit recent onderzoek van de commissie Samson komt naar voren dat van de 100 misbruikzaken die kinderen rapporteren, professionals er slechts twee rapporteren.[29]

Ook de Nederlandse cijfers onderstrepen het statement van *The hidden epidemic*: Het overgrote deel van de kindermishandeling in Nederland wordt niet herkend en de gevolgen ervan worden niet behandeld.

Weinig aandacht voor schokkende en potentieel traumatische gebeurtenissen in (jeugd)zorg

Des te opmerkelijker is het dat er in de (jeugd)zorg en de (jeugd) ggz zo weinig aandacht is voor schokkende en potentieel traumatische gebeurtenissen die kinderen en jongeren in hun leven hebben meegemaakt. Hoewel er geen 'harde' cijfers beschikbaar zijn, wordt er algemeen aangenomen dat een belangrijk deel van de jeugdigen die zijn opgenomen in voorzieningen eerder in hun leven te maken hebben gehad met verwaarlozing, mishandeling, misbruik en of getuige is geweest van huiselijk geweld of ander geweld.

Dat er in de jeugdzorg nauwelijks of geen gegevens bekend zijn over (vroegkinderlijke) traumatisering en de jeugd-ggz lijkt onder meer het gevolg te zijn van de focus op actueel probleemgedrag. De directe reden om de jeugdzorg of de jeugdbescherming in te schakelen is actueel probleemgedrag: oppositioneel gedrag, gedragsproblemen van kinderen en gezagsproblemen van ouders. Kortom, als het meer of minder uit de hand loopt. Dit geldt ook voor de kinder- en jeugdpsychiatrie. Op de jeugd-ggz doet men een beroep als kinderen of jongeren gedragsproblemen hebben, depressief zijn, een angststoornis hebben, eetproblemen hebben of bijvoorbeeld verslaafd zijn aan middelen. In algemene zin is er weinig aandacht voor de vraag waar actueel probleemgedrag uit voortkomt. Met andere woorden, wat de onderliggende problematiek is. Traumatiserende en schokkende gebeurtenissen worden niet of nauwelijks in kaart gebracht en in ieder geval niet in verband gebracht met de actuele problemen.

Trauma's worden vaak niet herkend

Trauma's worden vaak niet herkend. Dit komt enerzijds omdat de symptomen van posttraumatische stressstoornis (PTSS) ook bij andere stoornissen voorkomen, anderzijds omdat kinderen en jongeren met een PTSS vaak meerdere klachten of stoornissen hebben. Stoornissen en problemen die vaak voorkomen in combinatie met PTSS zijn[30]:

- mogelijke reacties: depressieve klachten, pathologische rouw reacties, algemene angst, separatieangst, gedragsproblemen;
- co-moborditeit: depressieve stoornis, angststoornis, ADHD, ODD, alcohol- en/of drugsmisbruik, persoonlijkheidsproblematiek;
- leeftijdsspecifieke reacties bij adolescenten: grotere autonomie, peergroup belangrijker dan ouders, schamen voor gevoel van kwetsbaarheid, schamen voor afhankelijkheid van ouders, conflicten met ouders, problemen op school, neiging om gebeurtenis in gedrag te herhalen, *acting-out*, radicale veranderingen, alcohol- en/of drugsmisbruik, destructieve en agressieve fantasieën;
- bij 14-35% van de kinderen die getraumatiseerd zijn als gevolg van geweld wordt (ook) ADHD gediagnosticeerd/geclassificeerd;
- bij 23-35% van de kinderen wordt (ook) een opstandig oppositionele gedragsstoornis gediagnosticeerd/geclassificeerd;

– daarnaast worden bij getraumatiseerde kinderen en jongeren vaak de volgende diagnoses gesteld: antisociale persoonlijkheidsstoornis, scheidingsangst, angststoornis, ernstige depressie, dysthymia en vermijding.

Trauma wordt vooral geassocieerd met angst en slachtofferschap. Trauma's roepen echter niet alleen angst op, maar ook woede en agressie. Een posttraumatische- of chronische stressstoornis kent drie hoofdcategorieën aan symptomen: hyperactivering als gevolg van het blijvend verwachten van gevaar, dwangmatige herbeleving en vervlakking van gevoelens en gedachten. Externaliserend probleemgedrag en delictgedrag kan dan ook (mede) verklaard worden door: woede en frustratie die samenhangen met traumatische gebeurtenissen en met de behoefte aan sensatie en kicks omdat jongeren, door vervlakking van emoties, moeite hebben emoties te ervaren en hiervoor sterke prikkels nodig hebben (*thrill seeking*).

HOOFDSTUK 5 HOE KOMT HET DAT WE KINDERMISHANDELING ZO MASSAAL MISSEN?

Hoe komt het dat we mishandelde, misbruikte, verwaarloosde en verhandelde kinderen en jongeren niet zien? We kijken, zwart-wit gezegd, vaak niet verder dan onze neus lang is. We kijken alleen naar de bovenliggende, actuele problematiek. Naar gedrag dat opvalt en waar we last van hebben. We kijken naar druk en ongeconcentreerd gedrag van kinderen, naar agressief en opstandig gedrag van jongeren, naar depressief gedrag of *acting-out* gedrag, naar grensoverschrijdend gedrag. We doen alsof het toevallig is dat kinderen druk zijn, agressief zijn of juist in zichzelf gekeerd, of we doen alsof het in hun genen zit, dat het aangeboren is. Natuurlijk kunnen kinderen erfelijk belast zijn, maar zolang zoveel kinderen te maken hebben met kindermishandeling moeten we ons afvragen of er mogelijk sprake is van onderliggende problematiek.

Actuele of bovenliggende problematiek, zoals druk en ongeconcentreerd gedrag of opstandig en oppositioneel gedrag, hangt samen met en wordt in stand gehouden door onderliggende problematiek. De actuele problematiek moet in samenhang met de onderliggende problematiek behandeld worden. Immers: successen in het hier en nu kunnen makkelijk teniet worden gedaan door de onderliggende psychi(atri)sche problematiek en vice versa.

Veel behandelingen zijn uitsluitend gericht op de bovenliggende problematiek. In de jeugdzorg en jeugd-ggz worden vaak emotie- en agressieregulatieprogramma's aangeboden en programma's die gericht zijn op het ontwikkelen van leeftijdsadequate competenties. Je zou kunnen zeggen: programma's die jongeren leren 'normaal' te doen. Maar als niemand het met de kinderen of jongeren heeft over hun geheimen, hun angsten, verdriet, teleurstelling, wantrouwen, woede, frustratie en trauma's dan leren ze daar niet mee omgaan; dat leren ze niet beheersen met een emotieregulatieprogramma of met het ontwikkelen van competenties.
Je krijgt dan het effect van de stop op de fles. Er is van alles aan het gisten in de fles – angst, woede, teleurstelling – maar je sluit de fles af met een stop (emotieregulatie en competenties). Het kan niet anders

dan dat de stop er (af en toe) afknalt. De jeugdzorg en de jeugd-ggz zouden aanzienlijk efficiënter en goedkoper kunnen zijn als de onderliggende problematiek van kinderen en jongeren wordt herkend en behandeld.

Een kinder- en jeugdpsychiater benadrukte het belang van traumabehandeling als volgt: "Met traumabehandeling leer je je trauma te beheersen in plaats dat het trauma jouw leven voortdurend beheerst".

We brengen kindermishandeling en traumatische gebeurtenissen niet systematisch in kaart

Algemeen wordt ervan uitgegaan dat kindermishandeling moeilijk boven tafel te krijgen is omdat het achter gesloten deuren plaatsvindt, ouders ontkennen en kinderen er niet over praten. Natuurlijk maakt dit de aanpak van kindermishandeling gecompliceerd. Toch is dit maar een deel van het probleem. We vragen kinderen er domweg niet naar. Als we er wel naar vragen, is onze ervaring, dan vertellen veel jongeren over de traumatische gebeurtenissen die ze hebben meegemaakt. Inclusief incest en andere vormen van seksueel misbruik. Die ervaring hebben de Amerikaanse onderzoekers ook: veel mensen zijn bereid om te vertellen. Mits de professional in staat is om zonder spanning, afgrijzen of verontwaardiging over het misbruik, de mishandeling of de verwaarlozing te kunnen praten. Het kan moeilijk zijn om kindermishandeling boven tafel te krijgen. Maar het zijn niet alleen de slachtoffers en de plegers die zwijgen; ook de professionals zijn vaak oorverdovend stil.

Het is opmerkelijk dat er nauwelijks of geen gegevens bekend zijn over (vroegkinderlijke) traumatisering in de jeugdzorg. Bureau Jeugdzorg doet vrijwel uitsluitend onderzoek naar actuele of bovenliggende problematiek. Dit geldt ook voor Pro Justitia onderzoeken ten behoeve van de kinderrechter. Deze focussen met name op oppositioneel gedrag van kinderen, omdat de kinderrechter op grond van deze rapportages een besluit moet nemen over een OTS (ondertoezichtstelling) of uithuisplaatsing. In algemene zin is er weinig aandacht voor onderliggende problematiek en worden verwaarlozing en andere vormen van kindermishandeling niet (systematisch) in kaart gebracht.

Een complicerende factor bij kindermishandeling is dat er lang niet altijd sprake is van (duidelijke) kindsignalen. Een getraumatiseerd kind heeft zich aangepast, het wil het liefst over het hoofd gezien worden, niet opvallen; het wil geen aanleiding geven voor gewelddadige ruzies tussen zijn of haar ouders, het wil de woede van zijn ouders niet over zich afroepen, geen aanleiding geven voor handtastelijkheden en seks. Mishandelde en misbruikte kinderen zijn maar al te vaak 'keurig' aangepast. Ze vallen helemaal niet op. Onderhuids woekert de veenbrand echter door. Daarom moeten niet alleen kindsignalen systematisch in kaart worden gebracht maar ook gezins- en omgevingsfactoren.

Het gaat er om goed te kijken naar alle kinderen. Het gaat er om te registreren of hun gedrag plotseling is veranderd of zij voldoende meedoen of dat zij juist heel stil en teruggetrokken zijn. Hoe spelen en gedragen zij zich ten opzichte van andere kinderen, ten opzichte van mij? Zijn hun resultaten plotseling veranderd? Spijbelen ze? Als iets opvalt, dan komt het aan op de bejegening en vooral: luisteren. Check dan of je het goed hebt gezien. Durf vragen te stellen en luister. Luister en kijk het kind aan. Vaak worden tijdens het gesprek aantekeningen gemaakt, kruipen wij achter de computer. Dat vinden jongeren vreselijk, dan voelen zij zich niet gehoord en gezien. Hartelijkheid en vooral luisteren zijn essentieel voor een vertrouwensband.

Kindermishandeling is vaker bekend dan we denken

Kindermishandeling is vaker bekend dan we denken. Het staat vaak beschreven in dossiers. We doen er alleen niets mee. Als voorbeeld noemen we hier een dossieronderzoek[31] bij meisjes die civielrechtelijk in een Justitiële Jeugd Inrichting (JJI) waren geplaatst. Uit de dossiers kwam naar voren dat een derde van de meisjes seksueel misbruikt, aangerand en verkracht was. Ook was tweederde van de meiden slachtoffer of getuige van mishandeling en bedreiging. Daarnaast bestond bij een flink aantal meiden het vermoeden dat ze slachtoffer of getuige waren geweest van ernstig (seksueel) geweld. Ten slotte had bijna een kwart van de meisjes andere traumatische gebeurtenissen meegemaakt, zoals ernstige ziekte, overlijden, verslaving, psychiatrische problematiek en een suïcidepoging van hun ouder(s). Kortom: 90% van de meiden had een verleden waarin zich traumatische en schokkende gebeurtenissen hebben afgespeeld. In dit licht is het opvallend dat geen enkele keer een posttraumatische stressstoornis (PTSS) of een chronische stressstoornis is gediagnosticeerd. Het dossieronderzoek leverde een lange lijst op van diagnoses.

De top drie bestond uit: gedragsstoornis (80%), ouder-kind relatieproblematiek (39%) en middelenmisbruik of middelenafhankelijkheid (32%). Daarnaast waren er diagnoses gesteld als hechtingsstoornis, aandachttekortstoornis, dreigende stoornis in de gewetensontwikkeling, impulscontroleproblemen en seksueel misbruik van een kind.

Symptomen zijn vaker traumagerelateerd dan we tot nu toe hebben durven vermoeden

Perry, een Amerikaanse kinderpsychiater, merkt op dat 'het grootste probleem van de DSM-IV blijft dat het een catalogus van stoornissen is, gebaseerd op lijsten van symptomen. Deze symptomen kunnen door verschillende problemen veroorzaakt worden, maar de DSM geeft geen verklaring voor het ontstaan van de symptomen. De DSM biedt dus wel een lijst van symptomen die zich voor kunnen doen bij kinderen maar biedt geen lijst van symptomen in de omgeving van kinderen die een reden voor ernstige zorg kunnen zijn, zoals ouders met traumatische jeugdervaringen, ouders met psychiatrische stoornissen, verslaafde ouders of ouders met een licht verstandelijke beperking.

Op grond van zijn jarenlange ervaring als kinderpsychiater concludeert Perry dat niet alle gevallen van ADD, hyperactiviteit en oppositioneel-opstandige stoornissen traumagerelateerd zijn. De symptomen die tot deze diagnoses leiden zijn echter vaker traumagerelateerd dan we tot nu toe hebben durven vermoeden.'[32] Volgens Perry zal ruwweg een derde van de kinderen die mishandeld wordt, als gevolg hiervan kampen met enkele duidelijk psychologische problemen.[33]

Traumadeskundigen in Nederland, zoals Arianne Struik, Francien Lamers-Winkelman en Ramón Lindauer, hebben dit ook al vaker naar voren gebracht. Zij benadrukken dat een posttraumatische stressstoornis vaak niet wordt herkend of verkeerd wordt gediagnosticeerd. Dit komt enerzijds doordat de symptomen van een PTSS ook bij andere stoornissen voorkomen, anderzijds omdat kinderen en jongeren met een PTSS vaak meerdere klachten of stoornissen hebben. Behalve ADHD en een opstandig-oppostionele gedragsstoornis worden bij getraumatiseerde kinderen en jongeren onder andere de volgende diagnoses gesteld: antisociale persoonlijkheidsstoornis, separatieangst, angststoornis, ernstige depressieve stoornis en vermijding. Daarnaast zijn mogelijke reacties op de traumatische gebeurtenissen: alcohol- of drugsmisbruik, gedragsproblemen, *acting-out* en de neiging om gebeurtenis in gedrag te herhalen.

DSM-IV[34]

De DSM-IV is de vierde editie van de *Diagnostic and Statistical Manual of Mental Disorders*. De DSM is een classificatiesysteem voor psychische stoornissen, ontwikkeld onder verantwoordelijkheid van de *American Psychiatric Association*. In juni 1994 verscheen de vierde editie. Door internationaal dezelfde criteria af te spreken voor psychiatrische aandoeningen wordt onderzoek en communicatie duidelijker en betrouwbaarder. De DSM-IV bestaat uit vijf assen:

As 1 Klinische stoornissen
As 2 Persoonlijkheidsstoornissen
As 3 Lichamelijke aandoeningen
As 4 Psychosociale en omgevingsfactoren
As 5 Algehele beoordeling van het functioneren

Met welke hypothese werkt een behandelaar bewust of onbewust?

Perry merkt op dat toen hij met probleemkinderen ging werken, hij er al snel achter kwam dat de levens van de grote meerderheid van deze kinderen gevuld waren met chaos, verwaarlozing en/of geweld. 'Ze hadden een trauma meegemaakt – ze waren verkracht of getuige geweest van een moord – waardoor de meeste psychiaters de diagnose posttraumatische stressstoornis (PTSS) zouden overwegen als het om een volwassene met psychische problemen zou zijn gegaan. En toch werden deze kinderen behandeld alsof hun traumatische verleden irrelevant was en alsof ze 'toevallig' symptomen als depressie, hyperactiviteit, aandachtsstoornissen of oppositioneel gedrag hadden ontwikkeld.'[35]

Om een kind te kunnen diagnosticeren moeten symptomen in kaart worden gebracht die, als ze voldoen aan de criteria van de DSM, kunnen leiden tot een diagnose of classificatie. Belangrijk is daarom met welke hypothese een behandelaar bewust of onbewust werkt. Het startpunt zijn de aanmeldklachten, maar dezelfde klachten kunnen heel verschillende oorzaken hebben. Zo wordt hyperactief gedrag bijvoorbeeld in de DSM zowel vermeld bij ADHD als bij een post traumatische stress stoornis (PTSS). Als ouders een kind aanmelden omdat het hyperactief is, zal nagegaan moeten worden of het hyperactieve gedrag een signaal is van ADHD of van traumatisering (als gevolg van kindermishandeling bijvoorbeeld). In de praktijk blijken gedragsdeskundigen en psychiaters de optie traumatisering vaak niet in overweging te nemen: ze denken er gewoon niet aan.

Terwijl er brede consensus lijkt te zijn dat mishandeling, misbruik en verwaarlozing een groot risico vormen voor later probleemgedrag, worden potentieel traumatische gebeurtenissen van kinderen niet systematisch in beeld gebracht, wordt in de diagnostiek de mogelijkheid van een posttraumatische stressstoornis over het hoofd gezien en wordt er in de behandeling van 'probleemkinderen' doorgaans geen directe relatie gelegd met de traumatische gebeurtenissen in het leven van 'probleemkinderen'.

Kindermishandeling is geen diagnose

Kindermishandeling is niet één van de symptomen die je kunt scoren in de DSM-IV en het is evenmin een diagnose of classificatie in de DSM-IV. Kortom: het is geen probleem, klacht of stoornis in het psychiatrisch spectrum en daarmee is er bij mishandeling geen grond voor een diagnostisch onderzoek of voor behandeling. Kort door de bocht lijkt het erop dat kindermishandeling binnen de jeugdzorg en de jeugdhulpverlening niet meer dan een veiligheids- of beschermingsvraagstuk is: jongeren groeien op in een onveilig opvoedingsklimaat en worden daardoor in hun ontwikkeling bedreigd. Het geweld moet dan ook stoppen. Als het geweld is gestopt of als het kind in een veilige omgeving verblijft, is 'de klus geklaard'. Dat is de *state of the art* in Nederland. Traumadeskundigen worden hier zenuwachtig van, omdat ze inmiddels weten wat voor enorme impact structurele- en systematische mishandeling, misbruik en verwaarlozing kan hebben op de ontwikkeling en het gedrag van kinderen. daarom wordt er voor gepleit om in de volgende versie van de DSM het meemaken of zien van schokkende gebeurtenissen als één van de symptomen van *Developmental Trauma Disorder* op te nemen.

Traumadeskundigen pleiten er voor om altijd eerst het trauma te behandelen en dan te kijken wat er nog overblijft aan klachten, problemen en stoornissen. De zorg voor jeugd zou in Nederland aanzienlijk efficiënter, effectiever en goedkoper kunnen zijn als we eerst het trauma en de daaraan gerelateerde problemen van getraumatiseerde kinderen en jongeren zouden behandelen in plaats van ons blind te staren op het huidige probleemgedrag. Dit 'probleemgedrag' kan alleen begrepen worden als we de oorzaak ervan boven tafel krijgen.

HOOFDSTUK 6 DE PEDAGOGISCHE *CIVIL SOCIETY*

De pedagogische *civil society* is een inspiratiebron en een belangrijk concept geworden voor de transitie en de transformatie van de zorg voor jeugd in Nederland. Waar staat het begrip voor?

It takes a whole village to raise a child

Het gaat er primair om dat opvoeden geen zaak is van ouders alleen. Eigenlijk is er niets nieuws aan de horizon. Van oudsher betrekken ouders anderen bij de opvoeding van hun kinderen: buren, ouders, zussen en broers, vrienden en vriendinnen. Ze praten over de opvoeding met de peuterspeelzaalleidster, de leidster van het kinderdagverblijf, de juf en de meester op school. Toch staat deze vanzelfsprekendheid onder druk. Allereerst omdat de netwerken rond gezinnen 'dunner' zijn. Ouders wonen vaak niet meer in dezelfde plaats als hun familie en hun vrienden waardoor ze minder vanzelfsprekend een beroep op hen kunnen doen. Ook wordt gewezen op de aantasting van de sociale omgeving van gezinnen. Dorpen, buurten en wijken zijn vaak geen sociale gemeenschappen meer waarin men elkaar kent en op een vanzelfsprekende manier op elkaar en elkaars kinderen let. Verder worden veel pedagogische contexten van kinderen vandaag de dag gekenmerkt door anonimiteit: niet alleen de buurten en wijken waarin ze opgroeien, maar ook de scholengemeenschappen waar ze naar toe gaan.

Met de pedagogische *civil society* wordt aangeduid dat de samenleving als geheel verantwoordelijk is voor kinderen en hun opvoeding. In deze lijn pleit de Raad voor de Maatschappelijke Ontwikkeling (RMO) voor het herstellen van de cirkel rondom het gezin.[36] Geen versnippering, maar een stabiele, betrokken en vertrouwde omgeving waar aandacht is voor het kind: aandacht van familie, buren en professionals. In de pedagogische *civil society* staan kinderen in het middelpunt en worden niet alleen door hun eigen ouders opgevoed maar ook door hun omgeving.[37] De RMO stelt dat een goede sociale inbedding van gezinnen en kinderen het opgroeiklimaat versterkt.

Er is daarom positief jeugdbeleid nodig om het gewone opvoeden en opgroeien te versterken in plaats van jeugdbeleid dat zich (uitsluitend) richt op risico's en problemen. Positief jeugdbeleid moet primair gericht zijn op het versterken van de gewone positieve ontwikkeling van kinderen en jongeren. Daarnaast moet het onderlinge sociale betrokkenheid en steun stimuleren. Dit beleid gaat uit van de eigen kracht van kinderen, ouders, gezinnen en de gemeenschap.[38]

Het idee spreekt aan: 'Ieder kind telt' en 'Allemaal opvoeders'. De juf op school, de buurvrouw, de voetbaltrainer, de conciërge, de caissière van de supermarkt op de hoek, de balletjuf, de dokter en de wijkagent. Zij benaderen ieder kind zoals zij hun eigen dochter of zoon, nichtje of neefje zouden benaderen. In de pedagogische *civil society* ondersteunen ouders, buren en vrijwilligers elkaar op een vanzelfsprekende manier. Dat is de portee van de pedagogische *civil society*. Hier kan niemand op tegen zijn. Daarom spreekt het concept ook zo aan.

Raad voor de Maatschappelijke Ontwikkeling[39]
De Raad voor Maatschappelijke Ontwikkeling adviseert regering en parlement over sociale verhoudingen in Nederland. De sociale infrastructuur staat centraal. De RMO gaat het land in, beleggen expertmeetings en praten met sleutelfiguren. Vaak laten ze onderzoek doen om feiten boven tafel te krijgen. Elk jaar overlegt de RMO met het kabinet welke thema's aan bod komen. Ook het parlement kan adviesvragen indienen. Uiteindelijk beslist de ministerraad over het werkprogramma van de RMO..

Individualisering van de opvoeding, privacy en sociale controle

Er is een sterke tendens om opvoeding te individualiseren: kinderen en hun opvoeding zijn de verantwoordelijkheid van ouders. Als het niet goed gaat met kinderen wordt er impliciet of expliciet van uitgegaan dat dit aan de ouders ligt. Aan de invloed van de sociale omgeving wordt in dit denken voorbij gegaan. Vanuit het gedachtegoed van de pedagogische *civil society* wordt opgeroepen om dit vergaande individualisme te doorbreken. Niet alleen ouders hebben invloed op hun kind, maar net zo goed de school of de sportvereniging bijvoorbeeld. Verder zijn ontwikkelingen in de samenleving van invloed op de manier waarop ouders opvoeding en ouderschap kunnen vormgeven. Het is daarom niet alleen van belang dat 'opvoeding' weer een plaats krijgt in de school, in buurten en verenigingen, maar ook dat de overheid een infrastructuur creëert die ouders en andere burgers kunnen gebruiken om zich te verenigen.

Tegelijkertijd hechten we aan privacy en zit niemand te wachten op vergaande sociale controle. Ouders hebben vaak ook een zekere reserve als anderen zich met *hun* kinderen en *hun* opvoeding willen bemoeien. En dan gaat het niet alleen om de buurvrouw, de juf of de meester op school. Ook binnen families zijn zussen, broers en ouders vaak terughoudend om 'kritiek' of 'adviezen' te geven. Ze bemoeien zich er liever niet mee. Soms lijkt het er op dat in onze samenleving het individualisme zo ver is doorgeschoten dat alleen nog maar de eigen ouders een kind of jongere kunnen aanspreken. Vaak accepteren kinderen en jongeren het niet als andere volwassenen hen aanspreken. Bovendien accepteren hun ouders dit vaak ook niet. In een reactie op een eerdere versie van dit essay schreef Micha de Winter, hoogleraar maatschappelijke opvoedingsvraagstukken aan de Universiteit Utrecht, over dit fenomeen:

'Het meest wezenlijke van het idee van de pedagogische civil society *is dat de opvoeding veel te sterk is geïndividualiseerd. Wat mij betreft is dat ook een belangrijke bron van kindermishandeling. Je moet je afvragen waarom er zo ontzettend veel kinderen zo ongeveer onder ieders ogen langdurig mishandeld, verwaarloosd of misbruikt worden. Hoe kan dat? Wat is er aan de hand in een samenleving die dat toestaat en mogelijk maakt? Daar zit hem wat mij betreft de crux. Dat wil helemaal niet zeggen dat je niet beter moet gaan opsporen en behandelen, natuurlijk. Maar de bronvraag is: wat is er in de samenleving aan de hand dat dit fenomeen zulke bizarre proporties heeft aangenomen?*
Mensen zijn niet of onvoldoende bereid om verantwoordelijkheid te dragen voor elkaars kinderen, op ze te letten, voor ze op te komen. Dat leidt onder meer tot een gebrek aan onderlinge sociale controle, want dat vinden we (vaak terecht) maar niks. Maar het gebrek aan onderlinge sociale controle schept wel de condities waaronder veel kinderen langdurig slecht worden behandeld. De kwaliteit van sociale netwerken is een heel belangrijke determinant bij het voorkomen van kindermishandeling. Daar zit wat mij betreft de kern van de pedagogische civil society *gedachte.*
De sociale netwerk benadering zou in mijn ogen een belangrijke rol moeten spelen bij de preventie van kindermishandeling, waarbij extreme geslotenheid van sociale netwerken soms een extreem risico kan vormen.'

Als samenleving durven wij niet meer op te voeden

Ook de pedagoog Jo Hermanns en de sociologe Christien Brinkgreve wijzen op het gebrek aan opvoeding en de afkalving van de sociaalpedagogische contexten zoals het gezin, de school, de buurt en de (sport) vereniging. Als samenleving durven wij niet meer op te voeden.[40] Als kinderen niet meer begrensd worden, gaan ze vanzelf druk en hyperactief gedrag vertonen. Als volwassenen geen grenzen stellen, gaan kinderen er overheen. Het geeft dan geen pas om kinderen die over de grens gaan te problematiseren. Micha de Winter: 'Je móet opvoeden. Opvoeden stopt niet als kinderen vier zijn. Ook (en vooral) pubers moet je bijsturen. Het idee dat de sociale omgeving ontzettend structurerend werkt voor kinderen, is in het kielzog van de individualisering en de medicalisering verwaarloosd'.[41] [42] Christien Brinkgreve is van mening dat kinderen meer vrijheid én meer behoefte aan begrenzing hebben, terwijl opvoeders juist minder gezag hebben.[43] [44] Als we weer zouden opvoeden, zo is het idee, dan zouden we aanzienlijk minder kinderen met problemen hebben.

De RMO vindt dat de overheid moet bijdragen aan een samenleving die uitgaat van de kracht van het gezin en de familie, het sociale netwerk en de gemeenschap. Essentieel is dat ouders, crècheleidsters, leerkrachten en trainers bij sportverenigingen weer gaan opvoeden. Deze verantwoordelijkheid zou niet alleen bij ouders en andere opvoeders moeten liggen, maar ook bij winkeliers, mensen uit de buurt, de politie, familie… Het zou weer *de gewoonste zaak van de wereld* moeten zijn dat zij het vanzelfsprekende gezag hebben om kinderen en jongeren aan te spreken.
Kinderen hebben bovendien positieve rolmodellen nodig. Als je iets niet kent, kun je er ook niet naar streven. Leergierigheid begint met het overslaan van een vonk. Zo kan een wil tot weten ontstaan. Kinderen uit achterstandswijken worden te vaak geconfronteerd met te lage verwachtingen. Te lage verwachtingen van hun omgeving. Te lage verwachtingen van hun leraren.

De samenleving mengt zich ook in het debat

Het geweld rond de voetbalvelden heeft het thema van de pedagogische *civil society* recentelijk ook weer prominent op de maatschappelijke agenda gezet. Daarbij ging het niet alleen om de behoefte aan gemeenschappelijke waarden, normen en omgangsvormen, maar ook om de vraag wanneer de grens bereikt is en wanneer we consequenties verbinden aan ontoelaatbaar gedrag. Er werd geconstateerd dat ouders, trainers, coaches, scheidsrechters en grensrechters het vanzelfsprekende gezag niet meer hebben om kinderen en jongeren aan te spreken; dat ouders die langs de lijn staan vaak slecht voorbeeldgedrag geven en elkaar onderling nauwelijks aanspreken.

De Nederlandse samenleving is ook geschokt over de zelfmoord van twee tieners die systematisch gepest werden door leeftijdgenoten. Ook hierdoor kwam een debat op gang over omgangsvormen, onverschilligheid, de andere kant op kijken, geen verantwoordelijkheid nemen en gebrek aan daadkracht.

Er is grote behoefte om deze tendens te keren. Dit is hoopgevend en onderstreept de betekenis van de pedagogische *civil society* waarin we met elkaar voor elkaars kinderen verantwoordelijk zijn. Het is een open deur, maar toch: als we met elkaar pesten niet meer tolereren en weten uit te bannen, hoeven er geen kinderen naar de psycholoog omdat ze kampen met de psychologische gevolgen ervan. Pesten is een mooi voorbeeld, waarin duidelijk wordt dat als het pedagogisch klimaat te wensen overlaat kinderen ernstig beschadigd kunnen raken met als gevolg: depressie, angst, niet meer naar school gaan en - met als absoluut dieptepunt - suïcide(pogingen).

'Ik word rustiger en vrolijker van de gesprekken'

Zoals elke scholier kocht Ricardo (15) in de pauze wel eens koekjes bij een winkeltje vlakbij school. Zijn leven veranderde toen de winkeleigenaar, een oudere man, hem tot drie keer toe op een akelige manier onzedelijk betastte. Door nachtmerries, huilbuien en concentratieproblemen kwam Ricardo bij het Kinder- en Jeugdtraumacentrum (KJTC) terecht. In tien sessies was hij er klaar mee. Nu gaat hij opnieuw naar het KJTC, om ander oud zeer te verwerken.

'Mijn vader vond het een goed idee dat ik weer naar het KJTC ging. Toen zijn relatie na vier jaar uit ging, ontdekte hij dat zijn ex-vriendin flink de pik op mij had en dat ik daar echt last van heb gehad. Van mij hoefde het niet, maar na een paar gesprekken merkte ik dat het wel fijn was om over die dingen te praten. Daardoor is het steeds minder in mijn gedachten. We praten nu ook over de scheiding van mijn ouders toen ik negen was. Ik word rustiger van de gesprekken. Ook vrolijker. En de medicijnen die ik voor ADHD slikte, hoef ik niet eens meer te gebruiken.

Toen ik voor de eerste keer naar het KJTC ging, kreeg ik een paar sessies EMDR (Eye Movement Desensitization and Reprocessing). Het was echt een traumatische ervaring met die winkelier. Ik schaamde me ervoor en durfde het eerst niet te vertellen. Misschien zou ik de schuld krijgen of dachten ze dat ik een homo was. Ook wilde ik me niet laten kennen. Maar toen het voor de derde keer gebeurde, wilde ik nooit meer naar die winkel. Ik sliep slecht of werd soms zomaar huilend wakker. En 's avonds durfde ik niet meer alleen over straat. Vrienden zeiden dat ik me erover heen moest zetten, maar ik kon niet zomaar een knop omzetten.

Dankzij EMDR heeft deze nare ervaring een ander plekje in mijn hoofd gevonden. Het is echt klaar nu. Ik durf weer gewoon de straat op en slaap 's nachts prima. Misschien wel té goed, want mijn vader moet me 's ochtends vaak wakker maken. Ik voel nog wel de neiging naar die winkel terug te gaan en die man iets aan te doen. Daar hebben we het bij het KJTC ook over gehad. Ik mocht daar met een stok op een zitzak slaan en alles roepen wat ik tegen die man had willen zeggen. Dat was fijn om te doen. Die man had dat nooit met mij mogen doen. Ik kan de klok niet terugdraaien, maar gelukkig hebben ze mij bij Fier goed geholpen. En nu weer. Ik had niet echt problemen of zo, het is alleen dat ik leer om dingen niet op te kroppen. Daar heb ik later denk ik wel wat aan, want ik durf nu veel opener te zijn.'

HOOFDSTUK 7 GESPECIALISEERDE ZORG IN RELATIE TOT DE PEDAGOGISCHE *CIVIL SOCIETY*

Vanaf 2015 zijn gemeenten niet alleen verantwoordelijk voor de niet-geïndiceerde zorg, zoals opvoedingsondersteuning en lichte pedagogische hulp, maar ook voor de gespecialiseerde zorg. Gemeenten hebben het concept van de (pedagogische) *civil society* omarmd: ook zij leggen de nadruk op de eigen kracht van kinderen, ouders en andere opvoeders.

We vinden het al gauw een probleem

De Raad voor de Maatschappelijke Ontwikkeling is kritisch over de manier waarop de Nederlandse samenleving omgaat met problemen bij kinderen.[45] In de huidige samenleving is weinig of geen ruimte meer voor kwetsbare kinderen en gezinnen. In plaats van rekening met hen te houden, worden ze geproblematiseerd en verwezen naar de jeugdzorg of de jeugd-ggz. Het gezin, de school, de buurt en de sportvereniging kunnen niet meer uit de voeten met buitenbeentjes, met kinderen die niet goed kunnen meekomen of extra aandacht nodig hebben. De RMO vindt dat deze kinderen een vanzelfsprekende plaats moeten hebben in het gezin, op school, in de buurt en bij (sport)verenigingen. Binnen deze pedagogische contexten zou geanticipeerd moeten worden op hetgeen zij nodig hebben om mee te kunnen doen. Daarom pleit de RMO voor de pedagogische *civil society*. Als er meer ruimte zou zijn voor verschillen, zouden we kinderen en gezinnen die 'afwijken' van de norm minder snel als 'probleemgeval' bestempelen.

Civil society omstreden onder professionals

Eén van de kernideeën van de pedagogische *civil society* is dat de omgeving buiten het directe gezin van cruciale betekenis is voor de ontwikkeling van een kind. Het is dus een gemiste kans als men de sociale netwerken rondom het gezin niet mobiliseert om problemen te helpen oplossen. Pieter Hilhorst, wethouder Financiën, Onderwijs en Jeugd in de gemeente Amsterdam en Michiel Zonneveld, freelance journalist, columnist en schrijver, wijzen in dit verband in hun essay op programma's als *Signs of Safety* en de Eigen Kracht-conferenties. 'Gezinnen die dreigen te verdrinken krijgen de kans hun hulptroepen te organiseren. Ze organiseren dan (…) een conferentie met familie-leden en vrienden die ze nodig hebben om weer grip op hun leven te krijgen. Tijdens die conferentie maken de deelnemers afspraken over ieders verplichtingen.'[46] In het verlengde hiervan brengen Hilhorst en Zonneveld naar voren dat het gedachtegoed van de pedagogische *civil society* onder professionals omstreden is. 'Natuurlijk, er zijn er veel die het idee van harte ondersteunen. Zij geloven met hart en ziel in een werkwijze die hun cliënten niet afhankelijk maakt en verwelkomen ieder initiatief van burgers. Maar anderen voelen het als een aantasting van hun positie. Van hen wordt immers een heel andere rol gevraagd. Ze zijn niet langer de grote probleemoplossers die op basis van hun deskundigheid hun gezag kunnen doen gelden.'[47]

De pedagogische *civil society* als probleemoplosser

En als er toch problemen zijn en ouders komen er zelf niet (meer) uit, zou het vanzelfsprekender moeten zijn om eerst een beroep te doen op vrienden, buren of familie in plaats van op professionals. Het zelfoplossend vermogen van gemeenschappen kan versterkt worden door de gespecialiseerde zorg. Lokale overheden vragen gedragswetenschappers en psychiaters daarom uit hun spreekkamers en behandelkamers te komen en ouders en professionals in de 1ste lijn te ondersteunen als er sprake is van opvoedproblemen, ontwikkelingsproblemen of gedragsproblemen. Zij vragen hen naar de gezinnen, de scholen en buurten te komen om daar te helpen met de problemen die zich in het alledaagse leven voordoen. Het idee: 'voorkomen is beter dan genezen' en 'hoe eerder je er bij bent hoe beter'. Daarom ligt het accent op informatie, consultatie en advies, voorlichting, signaleren, lichte pedagogische hulp, opvoedingsondersteuning, maatjesprojecten en andere vrijwilligersprojecten die ouders en andere opvoeders ondersteunen. Hiermee verschuift het zwaartepunt in de jeugdzorg van het behandelen van problemen naar het voorkomen van problemen.

408 Gemeenten zijn straks verantwoordelijk voor de zorg voor jeugd

Op 1 januari 2013 waren er 408 gemeenten in Nederland. Al deze gemeenten hebben te maken met verschillende decentralisaties, stelselwijzigingen en transities. Zij stellen zich ten doel de 0de en de 1ste lijn te versterken en de 2de lijn terug te dringen. Hoe onderbouwen zij dit? We nemen de gemeente Leeuwarden als voorbeeld.

De gemeente Leeuwarden[48] [49] geeft aan dat de transities zijn ingegeven door een beleidsmatig en een financieringsvraagstuk. Het financieringsvraagstuk betreft de noodzaak om de groei in de uitgaven te doorbreken en ook op langere termijn de financiering te kunnen waarborgen. Het beleidsmatige vraagstuk betreft de doelmatigheid: op dit terrein is winst te behalen door inhoudelijke en bestuurlijke concentratie bij de lokale overheid. Dit brengt de opgave met zich mee 'het goedkoper en beter' te doen. Dit vertaalt zich in versterking van de 0de en de 1ste lijn en het terugdringen van de inzet in de 2de lijn. Een belangrijk uitgangspunt bij de realisering van deze 'ambitieuze doelstelling' is de visie dat het zelfoplossend vermogen in de samenleving veel meer benut kan worden. Het betekent minder beroep op veelal dure 2de lijns voorzieningen en een grotere verantwoordelijkheid voor mensen zelf én voor de 1ste lijn: scholen, huisartsen, welzijn. Tweedelijns voorzieningen zijn voorzieningen waarvoor een doorverwijzing uit de 1ste lijn of een indicatie noodzakelijk is.

'Het doorbreken van de groei in de 2de lijn, de specialistische dienstverlening, is een ingrijpende wijziging omdat deze ontwikkeling samenhangt met de steeds verdergaande professionalisering en specialisering. Dat heeft zowel geleid tot de groei van de 2de lijn als tot steeds meer fragmentering in de 1ste lijn. Die ontwikkeling willen we keren door de versterking van het zelf oplossend vermogen van mensen zelf en van de 1ste lijn: minder doorverwijzen en meer samenwerken.

De gangbare aanpak voor het terugdringen van de 2de lijn is veelal het aanscherpen van wet- en regelgeving en toezicht. Dat vertaalt zich dan in strengere vormen van indicering of zelfs het schrappen van voorzieningen. De pakketmaatregelen in de AWBZ in 2009 zijn hiervan een voorbeeld. Ook de aanpassing van de IQ_grens van 85 naar 70 in de AWBZ en het meetellen (inkomen en vermogen) van alle gezinsleden bij het vaststellen van de hoogte van de bijstand in plaats van alleen van de partner zijn hiervan voorbeelden. Een andere aanpak gericht op hetzelfde doel is het versterken van de basis: de zogenaamde 0de en 1ste lijn.'[50]

Uitgangspunten die de gemeente Leeuwarden hanteert om de basis te versterken en het beroep op de 2de lijn terug te dringen, zijn onder meer: eigen regie en eigen verantwoordelijkheid staan voorop, ondersteuning wordt eerst gezocht in het eigen netwerk en één huishouden-één plan-één hulpverlener.

Over de zorg voor de jeugd zegt gemeente Leeuwarden het volgende: 'In de discussie over een betere werking van de jeugdzorg wordt grote betekenis gehecht aan de versterking van de pedagogische infrastructuur. Daarmee wordt bedoeld de versterking en ondersteuning van de

opvoeding van ouders en het erkennen van de opvoedkundige verantwoordelijkheden van maatschappelijke organisaties, zoals scholen, die
direct met jongeren werken. Het uitgangspunt (...) om zo nodig ge-
biedsgebonden en vindplaatsgericht te werken sluit hier direct op aan.
De doelstelling is het doorbreken van het te snel opschalen van een
vraag of probleem door ouders en door 1ste lijns medewerkers naar de
specialistische zorg (2de lijn). Deze opgave heeft naast een cultuur-
dimensie ook een systeemdimensie. Het systeem bevat onvoldoende
prikkels voor oplossingen in de 0de en 1ste lijn.'[51] Erik Dannenberg,
voorzitter van de commissie Jeugdzorg van de Vereniging Nederlandse
Gemeenten (VNG): 'We moeten er voor zorgen dat professionals veel
meer gebruik kunnen maken van de maatschappelijke krachten die er
al zijn. Families, buurten, verenigingen, maatschappelijke verbanden
zoals kerken. Zodat zij hun professionaliteit zo kunnen aanwenden dat
ze er maximaal rendement van hebben'.[52]

Visie op gespecialiseerde zorg ontbreekt

De Raad voor de Maatschappelijke Ontwikkeling en 408 gemeenten
in Nederland zijn het er over eens: de gespecialiseerde en geïndiceerde
zorg wordt nu ingezet voor problemen en vraagstukken die ook in de
0de en 1ste lijn opgelost kunnen worden.

In het verlengde hiervan nemen lokale overheden stelling: *de 0de en de
1ste lijn versterken en de 2de lijn terugdringen*. Bij zo'n enorme operatie als de transitie van de jeugdzorg moeten lokale overheden heldere
statements maken waar het naartoe moet met de jeugdzorg. Statements die richting geven en waar iedereen zich aan vast kan houden.
We missen echter een helder statement over de complexe en gespecialiseerde zorg: wat is de ambitie van de lokale overheden met deze zorg?
Lokale overheden hebben de ambitie geformuleerd dat men specialisten wil inzetten ter ondersteuning van ouders, leerkrachten, peu-
terspeelzaalleidsters en professionals in de 1ste lijn. Niet overnemen,
maar toerusten. Ons inziens een fundamenteel beginsel. Maar we
missen een statement over de zorg voor de meest kwetsbare kinderen
en de meest kwetsbare ouders. Hoe ver strekken de mogelijkheden
van de pedagogische *civil society*? Waar ligt de grens? Zullen er in de
pedagogische *civil society* geen onder toezichtstellingen meer worden
uitgesproken en zullen kinderen niet meer uit huis worden geplaatst?
Had *de jongen die een roofoverval* pleegde bij zijn ouders kunnen blijven wonen als specialisten hen hadden ondersteund bij de opvoeding
van hun kindje? Had hij bij zijn pleegouders kunnen blijven wonen

als de pedagogische *civil society* een oogje in het zeil had gehouden? Waarschijnlijk had *de jongen die een roofoveral* pleegde zeer kwetsbare – beschadigde – ouders. Misschien waren ze verslaafd, hadden ze een verstandelijke beperking of een psychiatrische stoornis, waren ze als kind opgegroeid in een situatie van huiselijk geweld of waren ze als kind zelf zo ernstig mishandeld en misbruikt dat ze als volwassenen essentiële competenties en vaardigheden missen voor de opvoeding van kinderen. Misschien konden ze daardoor hun kindje niet bieden wat hij nodig had en vormden ze een bedreiging voor zijn ontwikkeling en veiligheid. Misschien lag intergenerationele overdracht van problemen en stoornissen op de loer.

Wat wel duidelijk is: in Nederland wordt een kind niet zo maar uit huis geplaatst; een kind wordt niet zo maar onder toezicht gesteld. Dan is er heel wat aan de hand. Dan is gespecialiseerde zorg gewenst. Het is belangrijk dat lokale overheden laten weten dat ze zich hiervan bewust zijn. Het gaat er niet alleen om dat de gespecialiseerde zorg wordt teruggedrongen, maar ook dat de gespecialiseerde zorg daar wordt ingezet waar het nodig is. Het is belangrijk dat er niet alleen uitgangspunten worden geformuleerd voor de (pedagogische) *civil society* maar ook voor de gespecialiseerde zorg. Vooralsnog ontbreekt een visie op gespecialiseerde zorg.

Als we het alleen maar hebben over terugdringen van de gespecialiseerde zorg, zonder het te hebben over de *waarde* en de *betekenis* van de gespecialiseerde zorg, dan is de gespecialiseerde zorg niet langer ingebed in het stelsel van de zorg voor jeugd. Dan wordt de gespecialiseerde zorg het stiefkind van het nieuwe stelsel. Van verschillende kanten wordt een dringend appel gedaan om het kind niet met het badwater weg te gooien. Kritiek op de gespecialiseerde zorg moet bijdragen aan verbetering van de gespecialiseerde zorg, niet aan het afbranden ervan. Ernstig beschadigde en getraumatiseerde kinderen en hun ouders hebben niet alleen de pedagogische *civil society* nodig, maar ook gespecialiseerde zorg. Over nog geen anderhalf jaar moet de transitie een feit zijn. Het is de hoogste tijd voor het ontwikkelen van een geïntegreerde visie op de vraag hoe de pedagogische *civil society* en de gespecialiseerde zorg van betekenis kunnen zijn voor de meest kwetsbare gezinnen en kinderen.

Jeugd-ggz staat ambivalent tegenover transitie

Hoewel de jeugd-ggz meewerkt aan de transitie en de transformatie, staat zij ook ambivalent tegenover de overgang van de jeugd-ggz naar het gemeentelijke domein. Zij benadrukt dat de jeugd-ggz c.q. de kinder- en jeugdpsychiatrie binnen het medische domein gepositioneerd moet blijven en niet in het sociale of welzijnsdomein. Men is namelijk bang dat de jeugd-ggz losgeweekt wordt uit de gezondheidszorg, niet meer als medisch specialisme benaderd zal worden en dat de specialistische kennis van de jeugd-ggz op den duur zal verdampen. De jeugd-ggz maakt zich niet voor niets zorgen. De transitie moet een visie omvatten die betrekking heeft op de vraag hoe specialisme en gespecialiseerde kennis gepositioneerd wordt in de pedagogische *civil society*. De kern van de vraag is hoe de verhouding moet zijn tussen de inzet van de pedagogische *civil society* en de inzet van medisch specialisme als er opvoedproblemen en opgroeiproblemen zijn.

Micha de Winter roept de jeugd-ggz op om aan te sluiten bij de pedagogische *civil society* beweging: 'De kinderpsychiater, de jeugd-ggz en aanverwante specialismen moeten alleen wel onder ogen zien dat er iets fundamenteel is misgegaan in de leefwereld van gezinnen en dat zij daarin een rol spelen. Ook zij zullen er bij moeten stilstaan dat de hulpvraag explodeert. Dat betekent niet dat we de specialistische expertise moeten diskwalificeren. Integendeel. We moeten die alleen ook op een andere manier benutten.'[53]

Wie beoordeelt de ernst van de problematiek?[54]

Allround professionals zouden in staat moeten zijn om, in samenwerking met de gespecialiseerde zorg, tot goede doorverwijzingen te komen. In één van zijn columns gaat kinderpsychiater Michiel Noordzij[55] in op de verschillende modellen die bestaan: het *stepped care* model en het *matched care* model.

Michiel Noordzij beschrijft het werk van een kinderpsychiater als 'een mengsel van neurologie, ontwikkeling en systeemdenken. Je zou kunnen zeggen dat ze de regisseurs zijn van de kinderontwikkeling. Daar waar ontwikkelingsproblematiek van kinderen vele gedaanten kan aannemen, proberen kinderpsychiaters patronen te vinden en lijnen uit te zetten. Dat kan behoorlijk complex zijn.' Hij vindt het zorgelijk dat beleidsmakers niet altijd lijken te weten hoe complex het werk van kinder- en jeugdpsychiaters is, omdat 'het er soms op lijkt dat de kinderpsychiatrie vervangen gaat worden door een vorm van zorg die

minder complex is. Zorg die meer gericht is op gedragsmatige begeleiding. Alles moet straks dichtbij en goedkoop. Ik denk dat we onszelf
voor de gek houden als we de zorg in een eenvoudig pakket willen
stoppen en de complexiteit van kinderpsychiatrische problematiek
vergeten. Ik denk dat we een richting moeten inslaan die juist recht
doet aan deze complexiteit'.

Vanuit dit perspectief pleit hij voor de volgende werkwijze: 'In de
jeugd-ggz wordt gewerkt met het *stepped care* systeem. Niet-specialis-
ten verrichten de eerste selectie aan de poort. De specialist wordt op
het laatst van de lijn ingezet. Dit is om de dure specialist te sparen en
niet te overbelasten. Ik ben een verklaard voorstander van het tegen-
overgestelde, het omgekeerde *stepped care* systeem. Dit wordt ook wel
triage genoemd. We kennen het uit de oorlogschirurgie. Bij *triage* staat
de beste frontchirurg aan de poort en beoordeelt de binnenkomende
gewonden. Snel en kundig ziet hij: die gaat dood, die moet even wachten en die moet nu geopereerd. Vanaf dit punt weten alle teams wat ze
nu moeten doen. Dat verkort de lijnen en maakt het beleid duidelijk.'

Matched Care – Te veel focus op de bovenliggende, zichtbare, problematiek en onvoldoende aandacht voor de onderliggende of instand-
houdende problematiek lijkt één van de oorzaken voor uitval en overplaatsingen in de (jeugd)zorg. Het *stepped care* beleid en de nadruk op
zo vroeg mogelijk, zo kort mogelijk en zo dichtbij huis als mogelijk,
lijken hier eveneens debet aan te zijn. Jeugdzorg zou zo licht mogelijk,
zo kort mogelijk en zo dichtbij huis als mogelijk is, moeten worden
ingezet. In dit beleid gaat men er echter vanuit dat problemen zich
ontwikkelen volgens een lineaire lijn; zij beginnen licht en nemen toe
in zwaarte. Ernstige en complexe problematiek kan in deze denklijn
worden voorkomen door hulp vroeg, kort en licht in te zetten. Er zijn
echter vele gevallen, waarbij de problemen zich niet volgens deze lineaire lijn ontwikkelen, maar waarbij de problemen van meet af aan ernstig en complex zijn of waarbij de problemen pas worden opgemerkt
wanneer ze vergevorderd zijn.

Het zo-zo-zo-beleid moet in sommige gevallen ook losgelaten kunnen worden wanneer de situatie en de problematiek daarom vragen.
Het moet mogelijk zijn om '*zorg op tijd, op maat*' (*matched care*) in te
zetten. De ingezette hulp moet zo zwaar zijn, als de situatie vraagt.
Complexe en ernstige problematiek vraagt geen lichte, maar een
zwaardere aanpak. Om te bepalen hoe zwaar deze aanpak moet zijn, is

het nodig dat er goede diagnostiek wordt uitgevoerd aan het begin van het zorgtraject. Des te meer omdat (de ernst van) problemen bij aanvang van de hulpverlening soms niet herkend worden, door bijvoorbeeld ontkenning of internaliserend gedrag van de jongere. Hiervoor is het nodig dat professionals die deze diagnostiek kunnen uitvoeren zo vroeg mogelijk in het hulpverleningstraject aan bod komen. Zo kunnen eventuele problemen en knelpunten grondig en tijdig in kaart worden gebracht en kunnen deze worden aangepakt voordat verergering plaatsvindt. Hiermee wordt de kans dat een jongere de juiste behandeling, op de juiste plek ontvangt vergroot.

'Sinds 2008 houd ik al mijn intakes niet meer in de spreekkamer, maar op school. Met de ouders van het kind. De leerkracht van het kind en de intern begeleider komen erbij om extra informatie te geven en het advies aan te horen. In het begin verwezen scholen vooral kinderen met wie ze al een langere tijd 'zaten'. Kinderen over wie zorg bestond en die nu naar het vervolgonderwijs moesten. Maar waarnaar toe in vredesnaam? Geleidelijk werd de leeftijd waarop kinderen werden aangemeld, jonger. De meeste leerkrachten en intern begeleiders hadden de werkwijze gezien en waren alerter op de noodzaak en de mogelijkheid om iets te doen op een ander gebied dan het schoolse. Er ontstond een nauwer overleg voor aanmelding. En door dat overleg wist de school beter wat kon worden verwacht van een aanmelding. De docenten konden, na toestemming van de ouders, bij een intake aanwezig zijn en raakten gewend aan de systematiek van het verzamelen van informatie over een kind uit hun groep. Bovendien gingen we op scholen waar we meerdere kinderen hadden onderzocht, ouderbegeleiding geven. Beter overleg met de intern begeleider en de leerkrachten over kinderen was het gevolg. Er kon eerder gereageerd worden op terugval of bijkomende zorgen. Er was meer samenwerking tussen de zorg, de school en de ouders. Dit gaf de gelegenheid om eerder te overleggen over een kind met een mogelijk bedreigde ontwikkeling. En door de triage *kon het kind eerder naar de juiste zorg verwezen worden.* [56] (Michiel Noordzij)

De *allround* professional of sociaal werker moet eenvoudig specialisten kunnen consulteren. Het is daarom zaak dat er korte lijnen zijn tussen de verschillende professionele contexten. Een essentiële vraag is daarom op welke wijze doeltreffender, eenvoudiger en beter onderling afgestemd kan worden tussen de gespecialiseerde zorg en het sociale domein.

HOOFDSTUK 8 HET MEDISCH MODEL VERSUS HET PEDAGOGISCH MODEL

Medisch model

In het medisch model ligt de focus bij aandoeningen, stoornissen en beperkingen, bij medisch-psychiatrische (ziekte)beelden.

Pedagogisch model

In het pedagogisch model ligt de focus op de *civil society* en het versterken van het 'gewone' opvoeden.

De Raad voor de Maatschappelijke Ontwikkeling is niet alleen kritisch over de manier waarop de samenleving met problemen bij kinderen omgaat, maar óók over de manier waarop de geïndiceerde zorg met deze problemen omgaat: kwetsbaarheid bij kinderen en gezinnen wordt benaderd vanuit het ziektemodel.

De RMO vraagt zich af of problemen van kinderen niet te veel worden gemedicaliseerd. Professionals geven het probleem een naam, zoals ADHD, autisme of ODD, waarmee ze het probleem uit het opvoedingsdomein halen en in het medisch domein plaatsen. In het medisch domein worden problemen benaderd als beperkingen, stoornissen of handicaps: het kind heeft een 'defect' dat moet worden behandeld. Problemen van kinderen worden geïndividualiseerd en er wordt geen relatie meer gelegd met de context waarin kinderen opgroeien. Het medisch model heeft problemen rond opvoeden en opgroeien uit de invloedssfeer van ouders en opvoeders getrokken. Het zijn 'stoornissen' geworden die om behandeling vragen.

Volgens de RMO is met de opkomst van het medisch model een situatie ontstaan waarin opvoedvragen transformeerden in medische problemen: de focus ligt op problemen, aandoeningen en stoornissen. Zorgen over de opvoeding vertalen zich steeds gemakkelijker naar diagnoses en meer professionele zorg. Bovendien worden opvoedingsadviezen steeds meer gepsychologiseerd. Kinderen en ouders krijgen zo de boodschap dat de problemen alleen op te lossen zijn met professionele behandeling. Op dat moment zijn niet de ouders en andere opvoeders verantwoordelijk voor 'het probleem', maar gedragswetenschappers en psychiaters. In dit model worden veel ouders onzeker en leggen hun problemen in de handen van deskundigen. Deze deskundigen schrijven ouders en leerkrachten vervolgens voor hoe zij thuis en op school met het kind moeten omgaan om de behandeling te laten slagen. Er wordt niet of nauwelijks echt naar kinderen en jongeren, hun ouders en andere opvoeders geluisterd. De eigen wijsheid van ouders, kinderen en (familie)netwerk wordt niet erkend.

Eén op de zeven

Pieter Hilhorst en Michiel Zonneveld[57] vragen zich af hoe het kan dat in een land waarin de jeugd nog steeds tot de gelukkigste van de wereld behoort, een op de zeven minderjarigen een indicatie heeft voor professionele jeugdzorg of passend onderwijs. Critici zijn van mening dat gedragswetenschappers en psychiaters problemen van kinderen en ouders overnemen. Veel problemen die nu naar de geïndiceerde zorg worden verwezen, zouden gewone opvoedingsproblemen zijn die prima te 'behandelen' zijn met opvoeding. Vanuit het perspectief dat één op de zeven minderjarigen een indicatie heeft voor professionele jeugdzorg of passend onderwijs is deze stelling aannemelijk. Het is toch moeilijk voor te stellen dat veertien procent van alle minderjarigen in Nederland een stoornis of ziekte heeft die vraagt om medische behandeling, gespecialiseerde zorg of gespecialiseerd onderwijs. Als één op de zeven kinderen zich niet zonder hulp van specialisten kan handhaven in onze samenleving, dan is het inderdaad zaak om de vraag te stellen wat er mis is met de Nederlandse samenleving. Dan geeft het geen pas om kinderen en ouders te problematiseren en te indiceren; dan zullen we de vraag moeten stellen of de huidige samenleving genoeg rekening houdt met kinderen en ouders. Vanuit dit perspectief moeten we de deskundigen die van mening zijn dat we veel te snel naar de jeugdzorg en de jeugd-ggz stappen meer dan serieus nemen. Tweede en derde lijnszorg is geen remedie voor alle opvoed- en opgroeiproblemen. Integendeel. Gedragswetenschappers en psychiaters waarschuwen echter dat niet alles met opvoeding is op te lossen en dat er ook kinderen zijn die baat hebben bij behandeling en medicatie.

Over loopgraven en tegendenken

Het debat over de pedagogische *civil society* en de gespecialiseerde zorg lijkt soms vanuit loopgraven uitgevochten te worden. Journalist Malou van Hintum deed in een artikel voor MGv verslag van een gesprek over de transitie jeugdzorg tussen Erik Dannenberg, wethouder voor zorg en gezondheidsbeleid in Zwolle en voorzitter van de commissie Jeugdzorg van de VNG, en kinderpsychiater Peter Dijkshoorn, lid van de Raad van Bestuur van Accare. Van Hintum concludeert: 'Ze komen er niet uit, en dan kun je maar één ding doen: een afspraak maken voor een nieuw gesprek.'[58] Er wordt al gauw gesproken over controverses, tegenstellingen en zelfs het woord 'hetze' is gevallen. Weliswaar in een column, maar toch...

Terwijl de tegenstellingen vanuit een bepaald perspectief niet groot lijken en makkelijk te overbruggen zijn, lijken de tegenstellingen vanuit een ander perspectief massief aanwezig te zijn. Geconstateerd kan worden dat het medische model, al jarenlang zo dominant is dat het nauwelijks ter discussie heeft gestaan. GZ-psychologen, klinisch psychologen en psychiaters hebben op veel plekken in de hulpverlening een wettelijk verankerde eindverantwoordelijkheid en daarmee maar al te vaak het laatste woord: zij zijn hoofdbehandelaar en zonder hun goedkeuring worden er geen besluiten genomen. Hierdoor is het medische model dominant geworden in de zorg. In het medisch model ligt de focus bij aandoeningen, stoornissen en beperkingen, bij medisch-psychiatrische (ziekte)beelden. We weten dat medische, psychologische of psychiatrische behandeling noodzakelijk is bij medisch-psychiatrische beelden. Tegelijkertijd weten we dat kinderen van `normaliseren' en stabiliseren enorm kunnen opknappen. Gewoon naar school gaan. Huiswerk maken. Sporten. Een bijbaantje. En, nog belangrijker, dat er iemand is die om hen geeft, iemand waarmee ze écht contact hebben, iemand die er onvoorwaardelijk voor hen is. We weten hoe belangrijk het voor kinderen is dat ze contact hebben met hun ouders, geaccepteerd worden door hun ouders. Of die ouders nu verslaafd zijn, in de prostitutie zitten, een verstandelijke beperking hebben, crimineel zijn of zelf psychiatrische problemen hebben: kinderen willen door hen gezien en erkend worden. Er zijn nog veel te veel kinderen die jarenlang in de residentiële zorg hebben gezeten en al jaren slecht, geen of sporadisch contact hebben met hun ouders of andere familieleden. Ze hebben, net als *de jongen die een roofoverval pleegde* en *het meisje met het konijn*, domweg niemand als ze op hun achttiende of eenentwintigste op kamers gaan wonen.

De pedagogische *civil society* vraagt gedragswetenschappers en psychiaters naar de wijken, de gezinnen en de scholen te komen om het 'gewone' opvoeden te versterken. De gespecialiseerde zorg zou de pedagogische *civil society* moeten vragen om naar de klinieken, de internaten en de jeugdgevangenissen te komen om het sociale vangnet rond kinderen te versterken. Want als een kind met goed gevolg is behandeld voor zijn of haar stoornis, is de behandeling wel geslaagd, maar is het risico dat het kind het niet redt omdat het geen plek heeft in de pedagogische *civil society* levensgroot.

Geen snelle recepten

De Raad voor Maatschappelijke Ontwikkeling is van mening dat het medisch model te dominant is geworden in de zorg voor jeugd. De raad ziet het als haar belangrijkste taak om 'mee te denken' en 'tegen te denken' rond sociale vraagstukken. En, eerlijk is eerlijk, als je wilt morrelen aan de gevestigde orde moet je wel standpunten innemen. Het zou de medische zorg sieren als ze wat meer zou meedenken in termen van de pedagogische *civil society*. Anderzijds zullen de voorstanders van de pedagogische *civil society* ook oog moeten hebben voor de waarde en de betekenis van de gespecialiseerde zorg. Gedragswetenschappers en psychiaters zijn bang dat met de eenzijdige oriëntatie op de pedagogische *civil society* kinderen waar écht iets mee aan de hand is straks niet meer de zorg krijgen die zij nodig hebben. Er zijn geen snelle recepten voor de zorg en hulp aan de meest kwetsbare kinderen en jongeren. Eén ding staat als een paal boven water: voor hen is het van levensbelang dat er zinvolle verbindingen worden gelegd tussen de pedagogische *civil society* en de gespecialiseerde zorg.

De ADHD-controverse

De ADHD-controverse is een mooi voorbeeld van de controverse tussen vertegenwoordigers van de pedagogische *civil society* en vertegenwoordigers van het medisch model.

'Kwajongens bestaan niet meer, het zijn ADHD patiënten geworden', zegt Micha de Winter. 'Niemand kijkt nog op wanneer een druk kind een ADHD'er wordt genoemd. Impulsieve en ondernemende kinderen zouden beter geholpen zijn met een duidelijke opvoeding en een heldere pedagogische context dan met behandeling met Ritalin. Een druk kind zou daarom niet bij de psycholoog of de psychiater moeten zitten, maar opgevoed moeten worden.[59]

Robert Vermeiren, kinder- en jeugdpsychiater, schreef verschillende columns over het ADHD-debat.[60 61 62 63 64 65] Hij geeft aan dat hij natuurlijk ook gezinnen tegenkomt die het niet zo nauw nemen met de opvoeding, waardoor hun concentratiegestoorde, drukke en impulsieve kind het nog moeilijker heeft. In deze gezinnen kan met een pedagogische aanpak veel worden verholpen. Hij stelt dat de huidige *civil society*-beweging het functioneren van kinderen ziet als het gevolg van omgevingsomstandigheden. Omdat de oorzaak niet bij kinderen zelf ligt, zouden ze geen 'ziekte' of 'stoornis' hebben. De oplossing wordt daarom gezocht bij de pedagogische aanpak of de buurtzorg.

Vermeiren noemt onwetendheid een belangrijke reden voor het huidige anti-ADHD gedachtegoed. 'Bij een ADHD'er wordt gedacht aan kinderen die een beetje aan de drukke kant zijn. Daar geef je toch geen medicijnen aan? Maar Bij ADHD gaat het niet over kinderen die aan de drukke kant zijn. Het gaat over kinderen met een stoornis, het gaat over kinderen die compleet uitvallen. Kinderen bij wie een gedragsmatige aanpak niet lukt en waarbij medicatie nodig·is om een gedragsmatige aanpak een kans te geven.'

'Ik ken heel wat ouders die alles, maar dan ook alles, doen om de situatie de baas te worden. Het is deze groep die keihard geraakt wordt door huidige anti-ADHD-hetze. Niet enkel hebben die ouders een kind dat disfunctioneert, dat de verwachtingen die de maatschappij stelt niet aankan, ze·worden nu ook nog eens verfoeid. Omdat ze er niet in slagen hun kind gewoon groot te laten worden. Nog erger wordt het als ze het aandurven hun kind medicatie te geven. Dan wordt ze verweten dat ze met chemische substanties hun kind drogeren om hun eigen ouderlijke falen toe te dekken.'

Toch lijken Robert Vermeiren en Micha de Winter minder ver van elkaar af te staan dan begrippen als ADHD-controverse en ADHD-hetze doen vermoeden. Vermeiren stoort zich er aan dat in de slipstream van de pedagogische *civil society* de opvatting lijkt post te vatten dat problemen van en met kinderen uitsluitend samenhangen met de kwaliteit van de opvoeding en met de omgeving. Hij benadrukt dat er ook sprake kan zijn van stoornissen bij het individu. In die gevallen kan medicatie noodzakelijk zijn om überhaupt te kúnnen opvoeden. Het is duidelijk dat Vermeiren niet denkt dat problematisch gedrag bij kinderen uitsluitend op te lossen is met pillen: medicatie, opvoeding en omgeving moeten elkaar versterken. De Winter daarentegen stoort zich aan het gemak waarmee artsen Ritalin voorschrijven aan kinderen die 'een beetje aan de drukke kant zijn'. Het gaat om de arts die tegen een ouder zegt: "Als uw kind goed op Ritalin reageert, dan heeft het ADHD". Een bizarre uitspraak die de keerzijde laat zien van het medisch model en een manier van denken illustreert die de *civil society*-beweging ter discussie stelt. Natuurlijk ergert Vermeiren zich hier ook aan. Ook in de kinder- en jeugdpsychiatrie is het *not done* om bij ADHD te beginnen met medicatie. De richtlijn is dat er eerst psycho-educatie wordt gegeven aan ouders en kinderen. Als hierdoor de klachten of beperkingen niet verdwijnen, krijgen ouders en of leerkrachten vaardigheden aangeleerd hoe ze met het kind om moeten gaan en, afhankelijk van de ernst van de beperkingen en de problemen, kan daarna of gelijktijdig gedragstherapie en of medicatie worden gegeven.

Brief van Meike

'Ik vecht en de leiding en mijn ouders vechten mee'[66]

Ik was dertien toen ik in de prostitutie terechtkwam. Door een samenloop van omstandigheden. Uiteindelijk kwam ik in een behandelgroep voor Jongvolwassenen in Zeist, in de weekeinden woonde ik bij mijn oom en tante. Daarvóór zat ik in een kliniek in Spijkenisse waar ik niet gelukkig was. In Zeist ging het beter, maar hier was de therapie voor mij niet geschikt; ze konden weinig met mijn trauma's.

Luisteren en écht begrijpen was lastig.

Zowel in Zeist als in Spijkenisse beschadigden mensen zichzelf. Alles werd in de groep besproken, ook wanneer iemand werd weggestuurd of wanneer iemand zichzelf had beschadigd of weer had gekotst. Voor sommigen heeft dit vast goed gewerkt; ik nam het over. In Spijkenisse begon ik mijn eigen haar te knippen, en doordat ik niet at of het er weer uitgooide, ging daar eerst de aandacht naar uit. Mijn eetproblemen en mijn wens om er niet meer te zijn stonden centraal in de therapie. In mijn hoofd wist ik echt wel wat ik moest! Maar ik was bang! Bang om zonder mijn pooier verder te moeten. Bang om zelf keuzes te moeten maken en ik schaamde me rot. Ik bedacht mijn eigen oplossing. En eigenlijk zag je in therapie wat er ook thuis gebeurde: ik maakte mezelf onzichtbaar en deed wat anderen wilden. En toen gaf ik het op.

Het hoefde niet meer, het vechten. Ik was moe en kon niet slapen. Elke dag liep ik tegen mijn verleden aan. Ik durfde niet meer over straat, zat op de bank of op mijn kamer. Ik hield contact met de jongens waarvoor ik in therapie zat. Ik liet me onder druk zetten. Mijn familie deed veel in die periode, ze hebben stad en land met me afgereden. Ze vermoedden wel dat ik zo nu en dan contact had, maar ze vroegen me niets. Uiteindelijk vond ik iedereen zo egoïstisch en belandde ik, na een veel te domme actie, in het ziekenhuis. Toen pas gingen mijn ogen open. Na de ziekenhuisopname kwam ik op een gesloten afdeling. Hier ging echt de knop om. Het was augustus, nu drie jaar geleden, en ik werd doorverwezen naar Fier. Dat vond ik eerst maar helemaal niets. Ik wist totaal niet wat ik moest verwachten. Gelukkig kwam ik niet tussen de koeien!

Structuur, regels en duidelijkheid, aandacht, betrokkenheid, warmte, toekomstgericht, perspectief en uitdagend; het zijn voor mij woorden die ik bedenk als ik aan Metta terugdenk. Wat mij erg is opgevallen bij Fier, is hoe betrokken iedereen is. En hoe je gestimuleerd wordt om weer het beste uit jezelf te halen. Maar ook dat naar alles gekeken wordt. Mijn ouders zijn prima ouders. En misschien is dit grappig hoe ik het nu schrijf, omdat ik er toen anders over dacht. Maar ik leerde dingen anders te zien. Mijn tijd op Metta vond ik moeilijk en lastig, maar is zeker de moeite waard geweest. Ik heb mijn grenzen leren kennen en vooral geleerd om mezelf te zijn. Ik heb geleerd om op te komen voor mezelf en ben blij met hoe het nu gaat. Ik heb weer goed contact gekregen met mijn ouders en een positiever zelfbeeld gekregen. Ook heb ik leren omgaan met mijn verleden. Ik kreeg weer zin in dingen, ging weer naar mijn ouders op verlof, alleen naar buiten en ik kon weer reizen. En ik besloot mijn oude opleiding weer te gaan volgen.

Na Metta ging ik naar Gaja. In het begin vond ik het best erg lastig daar en wist ik me niet altijd raad. Dus maakte ik stomme grapjes omdat ik dacht dan leuk gevonden te worden. Mijn opleiding ging goed, maar het was niet echt mijn ding. Toch heb ik ook op Gaja doorgezet en er veel geleerd. Ik volgde EMDR en leerde zo nog beter met alles om te gaan.

Ik heb het langst in het Leerhuis gezeten. In het begin ging dat heel goed, maar in januari kwam ik via een foute vriendin weer even op de verkeerde weg. Door de hulp van de leiding ben ik weer op het juiste pad gekomen en heb ik besloten om van opleiding te switchen. Het gaat nu goed met me. Ik ga naar theatersport, ik werk bij Talant en begin over twee weken met mijn nieuwe opleiding. Ik ben zekerder en zit goed in mijn vel. En ik heb mijn eigen opgeruimde (!) studentenkamer, waar ik heel erg trots op ben. Ik heb weer goed contact met mijn familie en met leeftijdsgenoten en zie er weer leuk en gezond uit. Eigenlijk een heel verschil met twee en een half jaar geleden toen ik bij Fier kwam.

Ik ben weer opgebloeid! Ondanks een rotverleden kun je gelukkig wel een mooie toekomst hebben. En dat is, denk ik, de kracht van Fier: de kracht van mensen naar boven halen.

Meike

Metta is een kliniek voor kinder en jeugdpsychiatrie. Gaja is een Beschermd Wonen-voorziening. Het LeerHuis is een Begeleid Wonen-voorziening. Alle drie de voorzieningen maken deel uit van één zorgtraject.

HOOFDSTUK 9 PEDAGOGISCHE PROFESSIONAL COMMUNITY

De Raad voor Maatschappelijke Ontwikkeling heeft jammer genoeg geen advies uitgebracht over de gespecialiseerde complexe zorg. Hadden ze dit wel gedaan, dan hadden ze wellicht een advies uitgebracht over de pedagogische *professional community*. Daar willen we in dit essay een lans voor breken. In dit concept had de RMO tot uitdrukking kunnen brengen dat bij kinderen en jongeren gespecialiseerde zorg en behandeling altijd samengaan met opvoeding, met écht contact, met liefde en grenzen, omdat dit essentieel is voor hun ontwikkeling. De raad had tot uitdrukking kunnen brengen dat kinderen en jongeren nooit gereduceerd mogen worden tot hun probleem en dat er altijd aandacht moet zijn voor de normale ontwikkeling en voor opvoeding. Misschien had de raad gezegd dat het in de pedagogische *professional community* ondenkbaar is dat een kind steeds wordt overgeplaatst, dat een kind geen diploma of startkwalificatie haalt en dat ouders, opa's en oma's hoe dan ook altijd onderdeel uitmaken van de pedagogische *professional community*.

Wellicht had de raad naar voren gebracht dat in de pedagogische *professional community* bestuurders en professionals zich voortdurend de vraag stellen: zou ik hetzelfde hebben gedaan als het mijn eigen kind was geweest? Als toets voor hun professionele handelen. We willen hier het belang van opvoeden en de pedagogische context primair benadrukken vanuit het recht dat ieder kind heeft op opvoeding en de plicht die volwassenen hebben om kinderen die onder hun verantwoordelijkheid vallen op te voeden. Met andere woorden: de gespecialiseerde zorg voor kinderen en jongeren moet ingebed zijn in een pedagogische context en rekening houden met de normale ontwikkeling van kinderen en jongeren. We dagen de RMO uit om hier een volgende stap in te zetten.

Stepped care

Binnen *stepped care* krijgen kinderen in eerste instantie de kortste / minst intensieve behandeling aangeboden. Levert dit onvoldoende resultaat op, dan wordt overgegaan op een meer intensieve

---

behandeling. Bij opnieuw onvoldoende resultaat, wordt een nog zwaardere behandeling ingezet, et cetera.

Matched care
Een goede match tussen de ernst en zwaarte van de problematiek van het kind en de specifieke competenties van de professional.

Te lang aanmodderen met te lichte zorg

In Nederland wordt (impliciet) gewerkt met het *stepped care*-model. Dat wil zeggen dat we bij problemen eerst lichte zorg inzetten en als dat niet werkt doorverwijzen naar iets zwaardere zorg. Als de iets zwaardere zorg ook niet werkt, zetten we nog wat zwaardere zorg in, et cetera. Kortom: proefondervindelijk komen we er achter of een kind voldoende baat heeft bij lichte zorg. Als dit niet het geval is proberen we de verschillende vormen van zorg net zolang uit tot een kind en zijn ouders de juiste zorg(zwaarte) hebben.

Voor kinderen en jongeren met ernstige problemen kan dit desastreuze gevolgen hebben. Het kan vele maanden of zelfs jaren duren voordat kinderen en hun ouders de zorg krijgen die zij nodig hebben. Tegen die tijd zijn ouders en kinderen vaak gedemotiveerd en heeft de 'niks helpt-gedachte' postgevat. We modderen veel te lang aan met (te) lichte hulp waardoor kinderen en gezinnen met ernstige problemen niet de hulp krijgen die noodzakelijk is.

In het *stepped care*-model is er (te) weinig aandacht voor het accuraat herkennen van problemen. Professionals in de basiszorg en in de 1ste lijn zijn niet opgeleid om complexe problemen te herkennen, waarvoor zwaardere specialistische hulp nodig is. Dit geldt overigens ook voor de medewerkers van de Centra voor Jeugd en Gezin en de medewerkers van Bureau Jeugdzorg. Echter: als zij werkten vanuit het *matched care* principe, zou ervan uitgegaan mogen worden dat kinderen en jongeren - vaker dan nu het geval is - direct de juiste zorg zouden krijgen.

Complexe en langdurige hulpverleningscarrière

In de zwaardere gespecialiseerde zorg zien we dat vrijwel alle kinderen een complexe en langdurige hulpverleningscarrière hebben. Uit onderzoek[67] naar meiden die in een voorziening voor slachtoffers van loverboys waren geplaatst, kwam naar voren dat op een enkele uitzondering na, alle meiden eerder ambulante hulp hebben gehad en dat tweederde al eerder residentiële hulp heeft gehad. 20% verbleef eerder al in vier of meer residentiële voorzieningen en er waren meiden die te maken hebben gehad met maar liefst elf verschillende hulpverlenings-instanties. Dit fenomeen doet zich ook voor bij andere residentiële voorzieningen. In diverse onderzoeken worden uitvalpercentages genoemd van respectievelijk 30-60%, van 20-50% en van 20-35%. Zelfs wanneer er wordt uitgegaan van het laagst genoemde percentage, wordt pijnlijk duidelijk dat uitval binnen de gespecialiseerde zorg aan jongeren een groot probleem is. *Ten minste* een vijfde van alle jongeren in de residentiële zorg heeft te maken met uitval binnen eerder geboden hulpverlening. Vanzelfsprekend is dit zorgwekkend. En dat niet alleen, het is ook verbazingwekkend wanneer we in acht nemen dat ons land wereldwijd het meeste geld uitgeeft aan jeugdzorg, terwijl onze jeugd niet problematischer is dan elders.

Ieder weldenkend mens kan zich indenken dat herhaaldelijke uitval en herplaatsingen in de hulpverlening, ongunstige effecten heeft op de (ontwikkeling van de) betreffende jongeren. Uit onderzoek[68] komt naar voren dat herhaaldelijke uitval bovendien invloed heeft op de stabiliteit van een eventuele nieuwe plaatsing. Kinderen en jongeren die te maken hebben gehad met herhaaldelijk uitval, verwachten dat een nieuwe plaatsing weer tot een (vroegtijdig) einde zal komen. Zij moesten immers eerder steeds weer opnieuw beginnen, zonder succes. Regelmatig anticiperen zij op deze verwachting en ontstaat er een *self-fulfilling prophecy*. Tevens laten jongeren niet zelden sociaal wenselijk gedrag zien, om zo 'hun tijd uit te zitten'. Instabiliteit in de hulpverlening lijkt de aanwezige problemen te verergeren c.q. te versterken en het geloof van ouders, jeugdigen en professionals in effectieve hulp te verminderen. Jongeren die het niet redden in de ene voorziening en doorgeplaatst worden naar de andere voorziening krijgen al snel het etiket 'multi-problem'.

In de transitie en de transformatie zou dus niet alleen het onnodig medicaliseren geproblematiseerd moeten worden, maar ook het feit dat ernstige en complexe problematiek vaak aan het begin gemist wordt waardoor kinderen en hun ouders niet de noodzakelijke zorg en behandeling krijgen. Dit kan op termijn tot langdurige zorgafhankelijkheid leiden. In dezelfde lijn dringt de vraag zich op of we bij ernstige en complexe problematiek de juiste zorg bieden. Niet alleen vanwege uitval en herplaatsingen, maar ook omdat de zorg uiteindelijk weinig effect genereert. Aandacht voor en werken aan duurzame en effectieve zorg is van groot belang. Ook hier wijzen wij op het gevaar van snelle recepten.

Waarom worden kinderen uitgeplaatst en overgeplaatst?

In de literatuur worden verschillende verklaringen gegeven voor de hulpverleningscarrières van kinderen en jongeren. Zo zouden deze verklaard kunnen worden door de problematiek van de doelgroep.[97] 'De problemen van deze jongeren zijn complex en vaak al op jonge leeftijd begonnen, wat er dikwijls voor zorgt dat ze een lange hulpverleningsgeschiedenis hebben.' Anderen geven eenzelfde soort verklaring in hun onderzoek naar civielrechtelijk geplaatste meisjes in een Justitiële Jeugdinrichting: 'Wegens probleemgedrag of een disfunctionele familiale achtergrond werden deze meisjes frequent al vroeg uit huis geplaatst, en werden zij niet zelden vanuit een eerdere tehuissituatie opgenomen in een JJI'.[69]

Maar is het eigenlijk niet raar wat hier gebeurt? Jongeren vallen uit omdat ze te maken hebben met complexe problemen, maar dat is nou net de reden waarom ze in de residentiële zorg terechtkomen. Niet zelden is de reden voor opname tegelijk de reden voor uitval.

Er is weinig bekend over de effectiviteit van de jeugdzorg. Wat wel bekend is, is niet hoopgevend.

Uit onderzoek naar een groep meiden, vier jaar nadat ze een gesloten jeugdzorginstelling hebben verlaten en weer op eigen benen staan, blijkt dat de meisjes vrijwel allemaal in ernstige problemen raken na hun vrijlating. Meisjes die een kind hebben gekregen, blijken zelfs nog slechter te functioneren en meer psychiatrische stoornissen te vertonen. Op basis van de eerste 83 interviews komt het volgende beeld naar voren: geen diploma's, geen werk, veel financiële problemen, afhankelijkheid van alcohol en drugs en vaak psychische problemen, zoals depressies. 'Het is erger dan we dachten, weinig meisjes kunnen zelfstandig functioneren, hun leven is nog steeds chaotisch. We kunnen nu al concluderen dat de nazorg voor deze meisjes niet goed loopt. Zeker de civiele meisjes gaan vanuit de jeugdinrichting terug naar hun oude situatie en dan is de kans dat het misgaat gigantisch. Maar liefst een derde van de meisjes die wij gesproken hebben is al moeder, tienermoeder dus. Soms treffen we een situatie aan waarin we ook bang zijn voor de opvoeding en ontwikkeling van hun kind. Het meest onder de indruk zijn we van de vicieuze cirkel, het gaat slecht

met de moeder en we zijn bang voor de gevolgen voor haar kind. Soms is er ook al sprake van een uithuisplaatsing.'[70]
Het gaat met de meeste meisjes ronduit slecht. Enkele voorlopige conclusies op een rij: één op de drie onderzochte meisjes blijkt na vrijlating aan een ernstige persoonlijkheidsstoornis te lijden, zoals een borderline- of een antisociale stoornis; veel meisjes vertonen seksueel risicogedrag; één op de vijf meisjes is al eens zwanger geweest.
In een interview[71] pleitten Sanne Hamerlynck en Robert Vermeiren voor tijdige herkenning en behandeling van onder meer gedragsstoornissen en psychiatrische problemen bij jongeren die met Justitie in aanraking komen: opsluiting zonder behandeling heeft een negatief effect op jongeren.

Wat de transitie jeugdzorg kan betekenen voor de gespecialiseerde zorg

De transitie zou niet alleen als doelstelling moeten hebben om de 2de lijnszorg terug te dringen, maar ook om de gespecialiseerde zorg fundamenteel te verbeteren.
Zo zou het systeem van *stepped care* bijvoorbeeld omgebogen moeten worden in een systeem van *matched care*. We zien voogden en pleegzorgwerkers die te weinig kennis en vaardigheden hebben en te weinig ondersteuning krijgen om met complexe gezinnen om te gaan. Als je te maken hebt met beschadigde ouders, getraumatiseerde ouders of vechtende ouders, heb je een ander kennisniveau nodig.[72]
We zien pleegouders die niet weten dat beschadigde kinderen anders op een normale opvoeding reageren dan niet-beschadigde kinderen. We zien ernstig getraumatiseerde pleegkinderen die geen traumabehandeling krijgen. Doordat pleegouders niet leren wat het betekent om beschadigde en getraumatiseerde kinderen op te voeden en pleegkinderen niet de noodzakelijke traumabehandeling krijgen, is het risico groot dat de plaatsing in het pleeggezin op de klippen loopt. In het kader van de transitie van de jeugdzorg zou als doelstelling gekozen kunnen worden: terugdringen van residentiële plaatsingen en betere voorwaarden creëren voor plaatsingen in pleeggezinnen.
Dan willen we nog aandacht vragen voor de moderne of eigentijdse wezen van onze samenleving. Vroeger had je wezen en weeshuizen. We leven in de veronderstelling dat we in deze moderne en rijke samenleving geen wezen meer hebben. Niets is minder waar. We noemen *het meisje met het konijn*, *de jongen die een roofoverval pleegde* en *het meisje dat in de kast sliep* eigentijdse wezen. Het zijn er niet veel. Mis-

schien 0,25 procent van alle kinderen in Nederland? Eén op iedere 400 kinderen? Zij raken beschadigd in het huidige jeugdzorgsysteem omdat dit uitgaat van kortdurende behandeling en tijdelijke plaatsingen.

HOOFDSTUK 10 *TOP REFERENTE ZORG VOOR JEUGD*

Top referente zorg
Top referente zorg is zorg die alleen in gespecialiseerde centra kan worden geboden. Hierbij gaat het om moeilijke, dure of weinig voorkomende vormen van diagnostiek en behandeling. Deze vormen van zorg vereisen zeer specialistische kennis, die noodzakelijk is vanwege de complexiteit van de problematiek.

Top Referente Zorg voor Jeugd
Top Referente Zorg voor Jeugd ontwikkelen we voor kinderen en gezinnen waarbij sprake is van meervoudige en complexe problematiek. Waarom is *Top Referente Zorg voor Jeugd* nodig?
Allereerst is een structureel probleem in de huidige residentiële zorg dat kinderen met 'psychiatrische' stoornissen niet opgenomen worden in klinieken voor kinder- en jeugdpsychiatrie als ze (te) problematisch gedrag vertonen. De jeugdzorg richt zich weliswaar op de behandeling van kinderen met problematisch gedrag maar herkent 'psychiatrische' stoornissen niet; als stoornissen wel herkend worden, is de jeugdzorg doorgaans niet in staat deze te behandelen.
Ten tweede. De jeugdzorg en de jeugd-ggz zijn primair gericht op bovenliggende problematiek. Er is onvoldoende aandacht voor de onderliggende problematiek, die de actuele problematiek in stand houdt.
Ten derde. Zowel in de jeugdzorg als in de jeugd-ggz is er te weinig aandacht voor de context waarin de problemen zijn ontstaan en die de problemen van kinderen vaak instandhoudt. Veel kinderen ontwikkelen gedragsproblemen of stoornissen door de context waarin ze opgroeien. Desondanks is de behandeling gericht op het individuele kind en niet op de context: het (gezins)systeem.
Ten vierde. Weinig professionals zijn opgeleid in en hebben ervaring met systeemgericht werken. Systeemgericht werken is niet eenvoudig en vraagt lef. Op dit punt is er nog een wereld te winnen.

Ten vijfde. De kennis over beschadigde kinderen is versnipperd en wordt vervormd door pogingen deze in te passen in bestaande sectoren, programma's, beroepen en instellingen. Het huidige gefragmenteerde (jeugd)zorgstelsel is echter onvoldoende in staat om tegemoet te komen aan de behoeften van de meest kwetsbare en beschadigde kinderen en hun ouders.
De ontwikkeling van *Top Referente Zorg voor Jeugd* is noodzakelijk om een antwoord te bieden op bovenstaande structurele problemen in de huidige zorg voor jeugd.

Rode draden in het leven van getraumatiseerde kinderen

Bij getraumatiseerde kinderen en jongeren lopen een aantal rode draden door hun leven. Rode draden die hen in iedere levensfase opnieuw kwetsbaar maken voor herhaling van misbruik, mishandeling en andere negatieve gebeurtenissen. Zij hebben vaardigheden ontwikkeld die noodzakelijk waren om verwaarlozing en traumatische gebeurtenissen te kunnen 'overleven'. In normale omstandigheden zijn deze vaardigheden echter inadequaat en vormen een risico voor herhaling van misbruik en geweld (als slachtoffer en/of als dader).

De rode draad van verwaarlozing, mishandeling en misbruik kwam duidelijk naar voren In het onderzoek *Wie zijn de meiden van Asja? De gang naar de jeugdprostitutie.*[73] In dit onderzoek werden 104 dossiers onderzocht van meiden die opgenomen waren in een gespecialiseerde behandelsetting voor slachtoffers van loverboys. De onderzochte meiden waren 17,4 jaar oud en hun leeftijd varieerde van 12 jaar tot en met 23 jaar. Uit de dossieranalyse kwam naar voren dat veel meiden al in hun thuissituatie ervaringen hadden opgedaan met kindermishandeling en huiselijk geweld (49%). Daarnaast hadden de meeste meiden (85%) buitenshuis ervaringen met psychisch, fysiek en seksueel geweld. Daarbij was het geweld binnen het loverboycircuit buiten beschouwing gelaten. 91% Van de meiden gaf aan dat hun loverboy geweld tegen hen had gebruikt en 85% was slachtoffer van psychisch, fysiek en of seksueel geweld dat gepleegd was door anderen in het loverboycircuit. Er is duidelijk sprake van revictimisatie. Slachtoffers van misbruik en mishandeling lopen een groot risico om opnieuw slachtoffer te worden.

Bij jonge getraumatiseerde kinderen staan internaliserende klachten voorop; klachten waar kinderen zelf het meeste last van hebben en die door professionals (en ouders) veelal niet gezien worden. Bij jongeren komen de externaliserende klachten meer op de voorgrond te staan, de klachten waar de omgeving last van heeft, zoals oppositioneel en opstandig gedrag, gezags- en gedragsproblematiek, agressie en delinquentie. 'Op dat moment hebben we kinderen waar we last van hebben, de etterbakken die de abri's kapotmaken of die overal rellen lopen te schoppen. Het omslagpunt ligt rond de pubertijd.'[74] Er zijn uiteindelijk maar weinig professionals die zich afvragen wat de bron is van het afwijkende of problematische gedrag, echt contact met een kind maken. Waarom is dit kind zo boos en geagiteerd? Waarom snijdt dit meisje zichzelf? Traumadeskundigen wijzen er op dat zowel in het medische model als in het concept van de pedagogische *civil society* te veel gefocust wordt op de actuele of bovenliggende problematiek.

Specifieke expertise in generaal aanbod

De rijksoverheid promoot een model waarin zwart-wit gezegd iedere jeugdzorgaanbieder alles moet kunnen. Men noemt dat 'specifieke expertise in generaal aanbod'. Met andere woorden: een professional in een jeugdzorginternaat moet van alle markten thuis zijn. Hij of zij moet niet alleen kennis hebben van de verschillende problematieken en mogelijke stoornissen die zich bij jeugdigen kunnen voordoen, maar moet ook in staat zijn in te spelen op de zwaarte en de complexiteit van de problematiek. de Stuurgroep Aanpak Kindermishandeling[75,] de Onderzoeksraad voor Veiligheid[76], De Gezondheidsraad[77] en De Kinderombudsman[78] benadrukken dat kindermishandeling een specifieke aanpak vraagt en dat er specifiek behandelaanbod moet zijn voor kinderen en jongeren die kampen met de gevolgen van kindermishandeling. De Stuurgroep Aanpak Kindermishandeling concludeerde dat het gebrek aan kennis en vaardigheden van professionals op dit punt een groot knelpunt is en dat het aanbod aan scholing door organisaties zelf gering is. Ook wees de stuurgroep er op dat hulpverlening en behandeling bij kindermishandeling niet of nauwelijks aan de orde komen in de opleiding van professionals.

Desondanks is er in Nederland weinig of geen gespecialiseerd aanbod voor kinderen en jongeren die het slachtoffer zijn kindermishandeling. Ook hebben maar weinig voorzieningen specialistische hulp binnen generiek aanbod beschikbaar. Het overgrote deel van de behandelprogramma's in de residentiële jeugd-ggz, jeugdzorg en jeugdzorgplus voorzieningen is non-specifiek en gericht op jongeren (= jongens én meisjes) met (ernstige) gedragsproblemen. Je zou kunnen zeggen dat de gangbare aanpak in de residentiële jeugdzorg getypeerd kan worden als 'one size fits all'.

Meiden gaan gebukt onder ernstige trauma's, internaliserend en externaliserend gedrag[79]

Orthopedagoog Karin Nijhof deed onderzoek naar jongens en meisjes die opgenomen worden in Jeugdzorgplus voorzieningen. Haar onderzoek had betrekking op 514 jongeren met een gemiddelde leeftijd van 15,5 jaar. De situatie van de meiden is ernstiger dan die van de jongens. Haar grote zorg betreft de meisjes die er zeer ernstig aan toe zijn en een specifieke behandeling vergen. Zij hebben zonder uitzondering een zeer problematische achtergrond. Dertig procent van de meisjes – gemiddelde leeftijd nog geen zestien – is slachtoffer van gedwongen prostitutie, al dan niet in gang gezet door een loverboy/pooier. Nog eens veertig procent vertoont seksueel ongeremd gedrag. Het percentage seksueel misbruik ligt hoog en ze bewegen zich vaak in een risicovolle vriendengroep.

Wat opviel is dat veel meiden gebukt gaan onder ernstige trauma's en tegelijk internaliserend (angst en depressie) als externaliserend (agressie) gedrag vertonen. Er wordt in de behandeling vooral ingezet op externaliserend gedrag, omdat dat het meest opvallend is. Hoe je de combinatie van trauma, angst, depressie en agressie behandelt, daar is nauwelijks onderzoek naar gedaan. Eén van de conclusies van het onderzoek is dat er meer inzicht moet komen in de problemen van deze meiden en hun specifieke behandelbehoeftes.

Geïntegreerde behandeling ingebed in een uitmuntend pedagogisch basisklimaat

Er wordt algemeen van uitgegaan dat de meeste jongeren in Jeugdzorgplus voorzieningen, de klinieken voor kinder- en jeugdpsychiatrie, de verslavingsklinieken en justitiële jeugdinrichtingen een achtergrond hebben van potentieel traumatische gebeurtenissen: mishandeling, misbruik, verwaarlozing en huiselijk geweld. Je belandt niet zo maar in dergelijke voorzieningen. Het zijn de jongeren waar niemand iets mee kan; de jongeren die na een x-aantal ambulante behandelingen en een x-aantal plaatsingen in residentiële voorzieningen uiteindelijk hier terechtkomen. Onze hypothese is dat een substantieel deel van deze jongeren een verleden hebben van vroegkinderlijke traumatisering en in aanmerking komen voor de diagnose *Developmental Trauma Disorder*. Eerder is al aangegeven dat (vroegkinderlijke) traumatisering vaak tot (ernstige) problemen leidt op het gebied van gehechtheid, lichamelijk functioneren, emotieregulatie, gedragsregulatie, cognities en zelfbeeld. Omdat deze problemen zich voordoen in een ontwikkelingscontext zet het kinderen bij iedere nieuwe ontwikkelingsfase op achterstand. Een belangrijk knelpunt in de behandeling van de kinderen is dat ieder probleem los van de andere problemen wordt gediagnosticeerd (geclassificeerd) en behandeld en niet in hun onderlinge samenhang en in de context van traumatisering, kindermishandeling en onveiligheid. Wij pleiten voor de ontwikkeling van *Top Referente Zorg voor Jeugd* voor kinderen die het 't zwaarst voor hun kiezen hebben gehad en voor hun ouders. Een groep waar de generieke jeugdzorg en jeugd-ggz onvoldoende voor zijn toegerust.

De kern van *Top Referente Zorg voor Jeugd* is een zorgprogramma waarin de kennis en kunde van de gespecialiseerde jeugdzorg en van de kinder- en jeugdpsychiatrie volledig geïntegreerd is. Deze zorg gaat verder dan het *naast elkaar* of *na elkaar* bieden van jeugdzorg en jeugd-ggz. De pedagogische of opvoedkundige dimensie en de ontwikkelingspsychologische en psychiatrische dimensie hebben een gelijkwaardige positie en versterken elkaar. Dit impliceert dat het primaat niet bij de behandelaar, de gedragswetenschappers of de psychiater ligt maar een gezamenlijke verantwoordelijkheid is van de jongere, ouders, behandelaren en groepsleiding.
De behandeling is niet alleen gericht op actuele of bovenliggende problematiek maar ook op de onderliggende problematiek en is ingebed in een uitmuntend pedagogisch basisklimaat. Professionals zijn in staat 'liefdevol' grenzen te stellen, ze gaan respectvol om met de kinderen en staan stevig genoeg in hun schoenen om zich niet te laten 'provoceren' tot repressieve maatregelen, straffen en afwijzing. De professionals zijn stevig genoeg om een tegenwicht te bieden aan de zichzelf waarmakende voorspelling van deze kinderen dat ze toch afgewezen zullen worden, dat ze niets waard zijn, dat niets helpt. De professionals zijn in staat deze kinderen en hun ouders te laten ervaren dat het anders kan. Ze zijn in staat en bereid om met de ouders van deze kinderen

te werken, ondanks alles. Ze zijn niet alleen bereid deze kinderen een kans te geven, maar ook hun ouders.

Top Referente Zorg voor Jeugd wordt verder gekenmerkt door een sterk accent op de pedagogische context en op normaliseren. Dit betekent naar school gaan, uitgaan, sporten, participatie en 'meedoen', maar ook herstel van het contact met ouders en het opbouwen van een 'gezond' sociaal netwerk. De problemen van deze kinderen en jongeren staan niet centraal, maar hun ambities. Hulpverlening en behandeling staan hier ten dienste aan. De focus ligt op het behandelen van beperkingen en stoornissen die kinderen en jongeren in de weg staan om 'normaal' te functioneren en hun ambities te realiseren.

Kernbegrippen in de zorg voor misbruikte, mishandelde en verwaarloosde kinderen zijn verder: abuse-focused, trauma-focused, safety-focused, bespreekbaar maken van geheimen, niet tolereren van een dubbelleven, herstel van hechtingsrelaties, systeem- en gezinsbehandeling, 'liefde en grenzen' en 'normaliseren'. Het gaat hier om gespecialiseerde zorg, om top referente zorg. Dit is noodzakelijk vanwege de complexiteit van de problematiek.

Ten slotte willen we nog opmerken dat de pedagogische *civil society* voor kwetsbare en beschadigde kinderen en jongeren wellicht nog belangrijker is dan voor 'gewone' kinderen en jongeren. Juist voor hen is het zo belangrijk dat er mensen zijn die zich om hen bekommeren, dat ze zich geaccepteerd en geliefd weten. Daarom is het van het grootste belang dat gespecialiseerde behandelcentra nauw samenwerken met de pedagogische *civil society*. De gezamenlijke inspanningen van de gespecialiseerde zorg en de pedagogische *civil society* zijn noodzaak om deze kwetsbare en beschadigde kinderen een kans te geven op een toekomst.

De ziekenhuiswereld

Wellicht is de vergelijking met de ziekenhuiswereld in dit kader relevant. In de ziekenhuiswereld is er consensus over het feit dat het de kwaliteit van de zorg ten goede komt als complexe behandelingen geconcentreerd worden bij enkele ziekenhuizen. Een ziekenhuis dat 200 keer per jaar een complexe operatie uitvoert doet meer ervaring met deze operatie op dan een ziekenhuis dat deze operatie 10 keer per jaar uitvoert. In de ziekenhuiswereld heeft men daarom de keuze gemaakt dat enkele ziekenhuizen zich kunnen specialiseren in complexe behandelingen, zodat patiënten verzekerd zijn van de beste zorg. Men is van mening dat het niet meer houdbaar is dat alle Nederlandse ziekenhuizen alle behandelingen moeten kunnen aanbieden. Dit kan betekenen dat in sommige gevallen patiënten behandeld worden in een ziekenhuis op grotere afstand van hun woonplaats. Patiënten blijken geen bezwaar te hebben tegen een verdere reisafstand voor de juiste ziekenhuiszorg.

Een ander voorbeeld uit de ziekenhuiswereld. De meeste brandwonden kun je zelf behandelen. Voor sommige brandwonden moet je echter naar de huisarts of naar het ziekenhuis. Als je echter zeer ernstig verbrand bent, is dat niet meer toereikend en moet je naar één van de landelijk werkende gespecialiseerde brandwondencentra in Nederland, zoals het brandwondencentrum in Beverwijk. In het debat over gespecialiseerde zorg voor jeugd is de vraag daarom relevant of er problematieken zijn die te complex zijn voor de algemene voorzieningen.

En, als er landelijk werkende gespecialiseerde voorzieningen noodzakelijk zijn voor complexe problematiek, zoals vroegkinderlijke traumatisering, loverboyproblematiek en kinderhandel/mensenhandel, dan is het de vraag of het verstandig is om landelijk werkende gespecialiseerde voorzieningen onder de aansturing van 415 gemeenten te brengen.

Nazorg is hoofdwas

Tijdens een lezing op een congres zei Peter Paul Doodkorte, partner bij Bestuur & Management Consultants (BMC): nazorg is hoofdwas! Nu zien we de orthopedagogische of orthopsychiatrische behandelsetting als hoofdwas. Het lijkt echter verstandig om deze behandelsettingen als voorwas te zien. Hier wordt gestabiliseerd, genormaliseerd en worden de gezagsverhoudingen tussen kinderen en ouders hersteld. Hier wordt er voor gezorgd dat een kind weer naar school gaat, er wordt een bodem gelegd. Maar als kinderen 'goed' vertrekken uit een behandelsetting is dit geen garantie op succes in de echte wereld. Integendeel: jongeren met een achtergrond van (vroegkinderlijke) traumatisering hebben een hoog risico op het ontwikkelen van een persoonlijkheidsstoornis. Krabbendam en Van der Molen[80] constateren dat één op de drie onderzochte meisjes na vrijlating aan een ernstige persoonlijkheidsstoornis lijdt, zoals een borderline- of een antisociale persoonlijkheidsstoornis. Deze meiden zullen kwetsbaar blijven en geneigd zijn om van crisis naar crisis te hoppen. En wij hoppen mee.

De huidige zorg is probleemgericht: er mag pas gespecialiseerde zorg worden ingezet als er échte problemen zijn. Bijvoorbeeld bij een crisis, na huiselijk geweld of na een melding bij het Advies en Meldpunt Kindermishandeling (AMK). Vaak zijn er dan tal van professionals uit de zorg, politie en justitie betrokken. Een voorbeeld. Er kwamen meerdere meldingen bij het AMK binnen over een gezin met een tweeling van zes maanden. Beide ouders waren in behandeling voor psychiatrische problematiek. De meldingen waren van dien aard dat er besloten werd om intensieve psychiatrische thuiszorg in te zetten. De AMK-medewerker deelde mee dat ze over drie maanden nog een keer zou informeren hoe het ging en dat ze daarna de zaak zou afsluiten. Iemand stelde de vraag waarom zo'n gezin niet langer gevolgd wordt door het AMK. Ze zei: 'Dat is nu eenmaal de procedure. Wat we vaak zien bij dit soort gezinnen is dat er al meerdere meldingen zijn in de babyfase. We zetten vrijwillige hulp in en deze dooft na verloop van tijd uit. Vervolgens krijgen we weer meldingen als de kinderen naar de basisschool gaan. Maar dan ben je te laat. Je ziet dat die kinderen dan al behoorlijk beschadigd zijn.'

Kwetsbare en instabiele jongeren en gezinnen hebben meer aan hulp die is gericht op stabiliseren. Voorkomen dat er crisissen ontstaan. Voorkomen dat er schulden ontstaan. Voorkomen dat kinderen onder toezicht worden geplaatst of uit huis worden geplaatst. Voor komen dat... Zorgen dat er een stabiel opvoedingsklimaat is. Sommige jongeren en gezinnen zijn te kwetsbaar om ze na een periode van intensieve zorg los te laten. Er zou doorlopende zorg moeten zijn. In sommige gevallen zo lang er kinderen in huis zijn.
Zorg gericht op stabiliteit, en daarmee op het voorkomen van problemen, is goedkoper en duurzamer dan zorg die pas wordt ingezet als het misgaat. Bovendien sluit deze werkwijze aan bij de uitgangspunten van de pedagogische *civil society*. Inherent aan het 'oude denken' over zorg doen kinderen, jongeren en gezinnen keer op keer faalervaringen op. Ze krijgen daarmee keer op keer de boodschap mee dat ze het niet redden in de normale samenleving, hier niet in mee kunnen komen. Je ziet dan jongeren en gezinnen die zich afwenden van de samenleving en zich er tegen gaan afzetten. In het nieuwe denken over zorg is er een professional die zorg draagt voor stabiliteit waardoor ook kwetsbare kinderen, jongeren en gezinnen vanuit hun eigen kracht kunnen meedoen.

Samen mét ouders nagaan wat zij kunnen betekenen voor hun kind

Als kind kom je niet zomaar terecht in een situatie van vroegkinderlijke traumatisering. Deze kinderen groeien vaak op in gezinnen waarin sprake is van zeer belastende omstandigheden, zoals psychiatrische problematiek, middelenmisbruik, verslaving, prostitutie of detentie bij één of beide ouders. Niet zelden betreft het ouders die zich niet konden handhaven in de samenleving, afhankelijk zijn van uitkeringen en zich soms met lichte of zwaardere vormen van criminaliteit bezighouden. Vaak komen deze ouders zelf ook uit een situatie van misbruik en mishandeling en kampen ze zelf met de gevolgen van (vroegkinderlijke) traumatisering. Soms hebben ouders een (licht) verstandelijke beperking en hebben ze niet de capaciteiten om een kind op te voeden.

Samen met deze ouders zal nagegaan moeten worden wat zij kunnen betekenen voor hun kind en in hoeverre zij hun rol van ouder en opvoeder waar kunnen maken. Wellicht betekent dit dat zij behandeld moeten worden voor de gevolgen van het misbruik, de mishandeling of de verwaarlozing die zij zelf als kind hebben ervaren. Maar het is (ook) reëel om te erkennen dat het om zwak functionerende ouders en gezinnen gaat. Gezinnen die vaak van crisis naar crisis hoppen en bij iedere crisis weer een batterij hulpverleners langs zien komen. Wellicht zetten we deze gezinnen het meest in hun eigen kracht als we hen een 'stevige' professional geven die de opdracht krijgt om de stabiliteit in het gezin te waarborgen. Die zorgt voor structuur, die een luisterend oor biedt, raad geeft maar ook de grens aangeeft. En dan niet voor zes of twaalf maanden, maar zolang de situatie er om vraagt; zo nodig zolang er kinderen in huis zijn.

Wat ons betreft betekent 'eigen kracht' niet per se 'alles autonoom en zelfstandig kunnen doen' of 'alles zelf doen'. Moeders met een borderlinepersoonlijkheidsstoornis blijven vaak instabiel. Waarom zou je hen geen langer durende ondersteuning bieden, ter compensatie van hun instabiliteit? Immers, nu we weten hoe beschadigend de residentiële zorg vaak is voor deze kinderen past bescheidenheid met uithuisplaatsingen. Deze bescheidenheid wordt nog versterkt door de loyaliteit van kinderen aan hun ouders.

Het zou maar zo kunnen dat langer durende ondersteunende ambulante zorg goedkoper en efficiënter is dan dat we steeds van crisis naar crisis meehoppen met het gezin. Of kinderen uit huis plaatsen. Wellicht is dit een voorwaarde voor deze ouders om hun rol van ouder en opvoeder waar te kunnen maken.

De kanttekening is hier op zijn plaats dat 'blijvende zorg zo lang er kinderen thuis zijn' een andere attitude vraagt van professionals. Voor langere tijd in een gezin blijven sluit niet aan bij de huidige *status quo*. Hulpverlening en behandeling zijn primair gericht op curatie of 'genezing' en zijn tijdelijk van aard. Hulpverlening gericht op structurele blijvende zorg heeft en ander karakter en is gericht op stabilisatie, structuur en de primaire levensbehoefte van kinderen en ouders.

Ten slotte willen we nog aandacht vragen voor de begeleiding van zowel pleegouders als biologische ouders na een uithuisplaatsing. In Nederland, het land met de meeste uithuisplaatsingen in West Europa, is de hulpverlening niet gericht op het herenigen van kinderen met hun biologische ouders. Meestal worden biologische ouders aan hun lot overgelaten, zonder uitzicht op hereniging. Natuurlijk, er zijn situaties waarin van terugkeer geen sprake kan zijn. Maar zelfs dan is het belangrijk dat kinderen positief contact hebben met hun biologische ouders. De regel zou dan ook moeten zijn: terugkeer, tenzij. De behandeling en begeleiding van kinderen, biologische ouders en pleegouders zou hier op gericht moeten zijn.

HOOFDSTUK 11 SLOTBESCHOUWING

De Vereniging van Nederlandse Gemeenten (VNG) geeft aan dat alle kinderen en jeugdigen gebruik maken van basiszorg en dat dit voor 85% ook de enige noodzakelijke zorg is. Van de jeugdigen heeft 15% serieuze opvoed- en opgroeiproblemen. Bij 5% van de jeugdigen gaat het om structurele serieuze problemen waarvoor meer gespecialiseerde zorg nodig is.[81] Dit essay heeft betrekking op de 5% kinderen in Nederland die 'structurele serieuze problemen' heeft. Bijvoorbeeld kinderen van ouders met psychiatrische problematiek (KOPP-kinderen), kinderen van verslaafde ouders, kinderen die kampen met de gevolgen van vroegkinderlijke chronische traumatisering, kinderen die van jongs af aan in tehuizen hebben gezeten, kinderen die verstoten zijn door hun familie, doodverklaard... Deze kinderen hebben misschien nog wel meer dan alle andere kinderen de pedagogische *civil society* nodig: meedoen in plaats van buitengesloten worden. Niet afgewezen of gepest worden omdat je een kind-met-een-vlekje bent. Hoewel deze kinderen baat hebben bij een duidelijke opvoeding en een helder pedagogisch basisklimaat, is dit niet genoeg.

Het debat over de pedagogische *civil society* creëert beweging. Een belangrijk kritiekpunt van de pedagogen op het 'oude stelsel' is dat problemen rond opvoeding en ontwikkeling te veel in het ziektemodel zijn getrokken. Ze worden eenzijdig benaderd als beperkingen en stoornissen van kinderen zelf en er wordt niet meer gekeken naar de invloed van de omgeving op kinderen. De pedagogen zetten de discussie op scherp door te stellen dat veel problemen die nu terechtkomen in de behandelkamer van de psychologen evengoed of beter opgelost kunnen worden met opvoeding. Volwassenen moeten weer gaan opvoeden en het vanzelfsprekende gezag weer hebben om kinderen aan te spreken. Alle kinderen hebben structuur en grenzen nodig; als zij die niet krijgen dan gaan ze er overheen. Dan hebben we de kinderen waar we last van hebben. De pedagogen vinden dat het dan geen pas geeft om kinderen te behandelen voor 'gedragsstoornissen'. De pedagogen pleiten er daarom voor om bij de vormgeving van de transitie en de transformatie primair uit te gaan van positief jeugdbeleid. Dit impliceert versterken van het opvoedingsklimaat in gezinnen, scholen en buurten, en inzetten op de eigen kracht van kinderen, ouders en andere opvoeders. Als er problemen zijn, moeten psychologen en psychiaters deze niet overnemen van ouders maar moeten zij ouders en andere opvoeders ondersteunen om deze problemen zelf aan te pakken en op te lossen. Kortom: bij problemen moeten de specialisten uit hun spreekkamers en behandelkamers komen en naar de gezinnen, de scholen, de peuterspeelzalen, de buurten, wijken en sportvelden gaan om te ondersteunen bij de gewone alledaagse opvoeding. Gemeenten hebben dit gedachtegoed omarmd en als uitgangspunt genomen voor de transitie en de transformatie van de jeugdzorg. De ideeën van de pedagogen passen bij de transformatie van de verzorgingsstaat naar de participatiestaat waarin 'eigen kracht' en 'meedoen' centraal staan. Een aantrekkelijk concept en een prima uitgangspunt voor de transitie en transformatie van de zorg voor jeugd.

Kinderen met complexe problematiek en hun ouders hebben niet alleen een pedagogische *civil society* nodig; voor hen moet ook hoogwaardige gespecialiseerde zorg beschikbaar blijven. Juist voor deze kinderen en hun ouders is het van groot belang dat we de krachten bundelen. Dat ouders, ooms en tantes, buren, leerkrachten, sociaal werkers, psychologen, pedagogen en psychiaters samenwerken en dat de kennis en expertise van de pedagogische en de medische wereld erkend en benut worden. Het gaat om synergiewinst; om een geïntegreerd perspectief. Juist bij complexe problematiek is de pedagogische *civil society* alleen niet toereikend, maar is evenmin de behandeling in het medisch domein (jeugd-ggz) toereikend.

5%

De VNG geeft aan dat 5% van de jeugdigen structurele serieuze problemen heeft waarvoor meer gespecialiseerde zorg nodig is. In zo'n majeure operatie als de transitie en de transformatie kunnen zij makkelijk ondergesneeuwd raken, over het hoofd gezien worden. In de debatten over de transitie en de transformatie komt de gespecialiseerde zorg nauwelijks aan bod. Behalve dan dat vertegenwoordigers van de gespecialiseerde zorg met enige regelmaat hun zorgen uiten, bang zijn dat gemeenten niet overzien wat de gespecialiseerde zorg inhoudt. In dit essay vragen we aandacht voor die 5% jongeren met structurele en serieuze problemen. We hebben een aantal knelpunten op een rij gezet en voorzetten gedaan voor oplossingsrichtingen die geïntegreerd kunnen worden in de transitie en de transformatie.

Gebrek aan liefde en veiligheid

Eén van de meest desastreuze dingen die een kind kan overkomen is gebrek aan liefde en veiligheid. Een kind dat opgroeit in een omgeving waarin volwassenen onvoorspelbaar en onveilig zijn, waarin opvoeders en verzorgers elkaar voortdurend afwisselen, waarin sprake is van machtsmisbruik, seksueel misbruik, mishandeling of verwaarlozing, brengt met zich mee dat een kind gaat 'overleven', zijn of haar ontwikkeling stagneert en het kind zich niet kan hechten. Onderzoeken laten enerzijds zien dat we kindermishandeling massaal missen, anderzijds dat het massaal voorkomt; zowel in gezinnen als in de residentiële zorg. Tegelijkertijd lijkt er brede consensus te bestaan over het feit dat een aanzienlijk deel van de 5% jeugdigen die met serieuze en structurele problemen kampen, een achtergrond hebben van misbruik, mishandeling en verwaarlozing. De huidige aanpak van kindermishandeling faalt. Kindermishandeling zou daarom prominent op de agenda moeten staan van de transitie en de transformatie van de zorg voor jeugd.

Stop hulpverleningscarrières

Hulpverleningscarrières waarin kinderen en jongeren tal van ambulante hulpverleningstrajecten doorlopen om vervolgens in de residentiële zorg terecht te komen waar zij voortdurend overgeplaatst worden, kan aangemerkt worden als een vorm van institutionele verwaarlozing. Het systeem van licht inzetten en als dat niet werkt iets zwaarder inzetten, et cetera, is beschadigend voor kinderen. Het is effectiever, efficiënter en goedkoper om direct de juiste zorg in te zetten en soms is dat de 'zwaarste en de duurste' zorg. Kinderen en hun ouders kunnen beter op hun dertiende meteen gespecialiseerde zorg krijgen als dat nodig is, dan dat ze eerst een hele zorgcarrière moeten doorlopen voordat ze de juiste zorg krijgen.

Contradictio in terminis

Eerder maakten we al de vergelijking met een brandwondencentrum. Lichte brandwonden kun je zelf verzorgen. Wat ernstiger brandwonden kunnen vaak in een algemeen ziekenhuis worden behandeld. Maar als iemand heel ernstig verbrand is, moet hij of zijn naar één van de drie gespecialiseerde brandwondencentra in Nederland. Zo is het ook met die 5% jeugdigen met serieuze en structurele problemen. Ook binnen deze groep moet er verder onderscheid worden gemaakt in de ernst van de problematiek. Er zijn jeugdigen die behandeld kunnen worden in een 'algemeen' ziekenhuis, maar er zijn ook jeugdigen die naar een gespecialiseerd behandelcentrum moeten.

De rijksoverheid wil eigenlijk toe naar algemene jeugdzorgvoorzieningen waar alle jeugdigen met 'serieuze en structurele' problemen terechtkunnen. Men noemt dit: 'specialisme binnen generiek aanbod'. De huidige praktijk toont ondubbelzinnig aan dat dit concept in de praktijk niet werkt. Immers, als kinderen direct de juiste (gespecialiseerde) hulp zouden krijgen, dan zouden ze niet voortdurend overgeplaatst en doorgeplaatst worden; dan hadden we geen kinderen meer die de tel zijn kwijtgeraakt van het aantal ambulante en residentiële hulpverleningstrajecten dat ze hebben doorlopen. De hulpverleningscarrières van kinderen met meervoudige complexe problematiek maken duidelijk dat de generieke voorzieningen niet in staat zijn voldoende aan te sluiten bij de (complexiteit van) de vraag van deze kinderen en hun ouders. Het specialisme om deze kinderen adequaat te behandelen is niet of nauwelijks beschikbaar in Nederland.

'Specialisme binnen generiek aanbod' is een *contradictio in terminis*. Specialisme bereik je door je te bekwamen op een specifiek gebied, door ervaring op te doen, bijscholing te volgen, onderzoek te doen. 'Specialisme binnen generiek aanbod' is net zoiets als tegen een chirurg zeggen dat hij of zij alle specialisaties moet beheersen. Iedere patiënt die langskomt moet bij hem of haar terechtkunnen voor een operatie. Er zijn jeugdigen die een vorm van gespecialiseerde zorg nodig hebben die de generieke voorzieningen niet kunnen bieden. We hopen echter dat de lokale overheden het lef hebben om landelijk werkende gespecialiseerde voorzieningen in stand te houden. Immers, niet iedere gemeente heeft een kliniek voor kinder- en jeugdpsychiatrie nodig, of bijvoorbeeld een voorziening voor slachtoffers van eergerelateerd geweld of voor seksueel delinquente jongeren.

Waar mogelijk ambulantiseren; indien noodzakelijk gespecialiseerde 7x24 uur zorg

Waar mogelijk verdient het altijd voorkeur om ambulante zorg te bieden in de eigen omgeving. Tegelijkertijd is het van belang dat jongeren de zorg krijgen die bij de ernst en de complexiteit van hun problematiek past. Soms is dat meteen de duurste en meest gespecialiseerde zorg. We zouden vaker het lef moeten hebben om direct 'zwaar' te beginnen. Dit betekent dat de ernst en complexiteit van de problematiek goed ingeschat moet worden. Nu komen we er in een traject van *trial and error* vaak pas achter dat een kind of jongere zware en complexe problematiek heeft omdat hij of zij steeds wordt overgeplaatst omdat er sprake is van te complexe problematiek of omdat het kind of de jongere niet te handhaven is.

Geen faalervaringen meer

De toekomstige zorg voor jeugd zou er aan moeten bijdragen dat kwetsbare kinderen, jongeren en ouders geen faalervaringen meer opdoen. Dit vraagt om een andere manier van denken over zorg. De crisis of het probleem moet niet langer het kristallisatiepunt zijn voor de zorg, maar stabiliteit. Hoe kunnen we kinderen, jongeren en gezinnen die door hun kwetsbaarheid onvoldoende in staat zijn zelf stabiliteit in hun leven aan te brengen hierin ondersteunen? En dan geen drie maanden of een halfjaar, maar, als het nodig is, jarenlang.

Eigentijdse weeshuizen

Draag zorg voor institutionele wezen. Laten we kinderen die nergens meer terecht kunnen en letterlijk of figuurlijk wees zijn, vast houden en niet 'dumpen' in een kamertrainingsproject. Minderjarigen horen niet op kamers. Zeker kinderen met ontwikkelingsstagnatie en hechtingsproblemen niet.

Ten slotte

Er is niet vaak sprake van een stelselwijziging. Een stelselwijziging biedt kansen om kritisch te kijken naar knelpunten in het 'oude stelsel' en verbeteringen te realiseren in het 'nieuwe stelsel'. Wij pleiten voor contemplatie en niet te kiezen voor snelle recepten. Er moet een beter evenwicht komen tussen de pedagogische *civil society*, de reguliere zorg voor jeugd en de gespecialiseerde zorg. Zij moeten elkaars medestanders worden, elkaars partners.

De waarschuwingen en aanmoedigingen vanuit de *civil society* beweging zijn net zo relevant voor burgers als voor professionals. Zo is het ook voor professionals van het allergrootste belang om samen te werken met ouders en gelijkwaardiger relaties met ouders te realiseren. Een actievere rol van jongeren zelf is binnen de (gespecialiseerde) zorg net zo belangrijk als binnen de pedagogische *civil society*. Professionals die met kinderen en jongeren werken, zullen ook als opvoeder leiding moeten gaan geven aan de kinderen en jongeren die onder hun verantwoordelijkheid zijn gebracht en bereid zijn verantwoordelijkheid voor hen te nemen. Zodat het bijvoorbeeld niet meer kan voorkomen dat kinderen die jarenlang onder hun verantwoordelijkheid in residentiële voorzieningen hebben gewoond geen diploma hebben. Zodat het niet meer kan voorkomen dat een meisje dat in een jeugdzorgplus voorziening woont tijdens haar verlof verkracht en verhandeld wordt in het loverboycircuit, terwijl we er allemaal van af weten.

De transitie en de transformatie bieden kansen. Gemeenten moeten een aanjager van innovatie worden in plaats van een aanjager van standaardisatie. Het streven om iedereen hetzelfde te behandelen creëert ongelijkheid. Verschillende mensen hebben verschillende dingen nodig.[82]

Er is werk aan de winkel.

BRONNEN

1 Bron: www.jso.nl
2 Hilhorst, P. en M. Zonneveld. De gewoonste zaak van de wereld. Radicaal kiezen voor de pedagogische *civil society*. RMO, 2013:10-11
3 Hilhorst, P. en M. Zonneveld. De gewoonste zaak van de wereld. Radicaal kiezen voor de pedagogische *civil society*. RMO, 2013:19
4 Zee, R. van der (2010). *Een meisje voor dag en nacht. Hoe een Marokkaanse vrouw haar leven in eigen hand nam.* Breda: Uitgeverij De Geus.
5 Struik, A. (2011). Vroegkinderlijke, chronische traumatisering bij kinderen. *GZ-psychologie, 2,* 18-23.
6 Struik, A. (2011). Vroegkinderlijke, chronische traumatisering bij kinderen. *GZ-psychologie, 2,* 18-23.
7 Struik, A. (2011). Vroegkinderlijke, chronische traumatisering bij kinderen. *GZ-psychologie, 2,* 18-23.
8 Struik, A. (2011). Vroegkinderlijke, chronische traumatisering bij kinderen. *GZ-psychologie, 2,* 18-23.
9 Struik, A. (2011). Vroegkinderlijke, chronische traumatisering bij kinderen. *GZ-psychologie, 2,* 18-23.
10 Struik, A. (2010). *Slapende honden? Wakker maken!* Een stabilisatiemethode voor chronisch getraumatiseerde kinderen. Amsterdam: Pearson.
11 Gijs, L., Gianotten, W., Vanwesenbeeck, I., & Wijenborg, P. (2009). *Seksuologie.* Houten: Bohn Stafleu van Loghum.
12 Taubert, H., & Ven, M. van de. (2010). *Seksueel misbruik van kinderen en jeugdigen. Singalering & (be)handeling.* Geestelijke Gezondheidszorg Eindhoven en de Kempen.
13 Deetman, W., Draijer, N., Kalbfleisch, P., Merckelbach, H., Monteiro, M., & Vries, G. de. (2011a). *Seksueel misbruik van minderjarigen in de Rooms-Katholieke Kerk: Uitgebreide versie, deel 1 het onderzoek.* Amsterdam: Uitgeverij Balans.
14 Deetman, W., Draijer, N., Kalbfleisch, P., Merckelbach, H., Monteiro, M., &Vries, G. de. (2011b). *Seksueel misbruik van minderjarigen in de Rooms-Katholieke Kerk: Uitgebreide versie, deel 2 de achtergrondstudies en essays.* Amsterdam: Uitgeverij Balans.
15 Gil, D. (1973). Hearing before the United States senate subcommittee on children and youth on the Child abuse prevention act. *Journal of Clinical Child Psychology, 2*(3), 7-10.
16 Kinderrechten Monitor. (2012). Den Haag: Bureau Kinderombudsman.
17 Kinderrechten Monitor. (2012). Den Haag: Bureau Kinderombudsman.
18 Bron: http://www.nji.nl/nji/dossierDownloads/Risicofactoren_kindermishandeling.pdf.
19 *Handelingsprotocol bij kindermishandeling en huiselijk geweld.* Bron: http://ko.handelingsprotocol.nl/4-wegen3?start=2.

20   Slot, W. (2012). *Het bedreigde kind in de dynamiek van de leefgroep en het pleeggezin.* Presentatie op het congres 'Omringd door zorg, en toch niet veilig'. 11 oktober 2012, Noordwijkerhout. Bron: http://www.congrescommissiesamson.nl/sites/default/files/terugblik/VoordrachtWimSlot.pdf.

21   Helm, P. van. *First do no Harm. Living group climate in secure juvenile correctional institutions.* SWP, Amsterdam, 2011.

22   Commissie Samson. (2012). *Omringd door zorg, toch niet veilig. Seksueel misbruik van door de overheid uit huis geplaatste kinderen, 1945 tot heden.* Amsterdam: Uitgeverij Boom.

23   Gezondheidsraad. (2011). Behandeling van de gevolgen van kindermishandeling. Den Haag: Gezondheidsraad.

24   Verwijs, R., Mein, A., Goderie, M., Harreveld, C., & Jansma, A. (2011). *Loverboys en hun slachtoffer: inzicht in aard en omvang problematiek en in het aanbod aan hulpverlening en opvang.* Bron: http://www.verwey-jonker.nl/doc/vitaliteit/Loverboys_en_hun_slachtoffers_ 7210_web.pdf

25   Dijke, A. van., Lamers, F., Talhout, M., Terpstra, L., & Wind, A. de. (2012). *Wie zijn de meiden van Asja. De gang naar de jeugdprostitutie.* Amsterdam: SWP.

26   Lanius, A.R. (ed.), Vermetten, E. (ed.) & Pain, C. (ed.) (2010). *The Impact of Early Life Trauma on Health and Disease: The Hidden Epidemic.* Cambridge: Cambridge University Press.

27   Kuiper, R.M., Dusseldorp, E., & Vogels, A.G.C. (2010). *A First hypothetical estimate of the Dutch burden of disease with respect to negative experiences during childhood.* Delft: TNO.

28   Lamers-Winkelman, F., Slot, N.W., Bijl, B. & Vijlbrief, A.C. (2007). *Scholieren Over Mishandeling. Resultaten van een landelijk onderzoek naar de omvang van kindermishandeling onder leerlingen van het voortgezet onderwijs.* Amsterdam: Vrije Universiteit/PI Research.

29   Commissie Samson. (2012). *Omringd door zorg, toch niet veilig. Seksueel misbruik van door de overheid uit huis geplaatste kinderen, 1945 tot heden.* Amsterdam: Uitgeverij Boom.

30   Lindauer, R. (2006). Presentatie op het openingssymposium van het Kinder en Jeugdtraumacentrum Fryslân.

31   Dijke, A. van. & Terpstra, L. (2007). *De meiden van De Lindenhorst. Zorgprogramma voor Meiden met Grensoverschrijdend (Seksueel) Gedrag.* Utrecht: Bureau Terpstra & Van Dijke.

32   Perry, B. & Szalavitz, M. (2007). *De jongen die opgroeide als hond en andere verhalen uit het dagboek van een kinderpsychiater.* Schiedam: Scriptum.

33   Perry, B. & Szalavitz, M. (2007). *De jongen die opgroeide als hond en andere verhalen uit het dagboek van een kinderpsychiater.* Schiedam: Scriptum.

34   Wiele, D. van der. & Ruiter, E. de. (2011) *De Kleine Gids. Signalering en behandeling slachtoffers loverboys. Moeilijke zaken, makkelijk uitgelegd.* Alphen aan den Rijn: Kluwer.

35   Perry, B. & Szalavitz, M. (2007). *De jongen die opgroeide als hond en andere verhalen uit het dagboek van een kinderpsychiater.* Schiedam: Scriptum.

36 RMO & RVZ (2009). *Investeren rondom kinderen.* Den Haag: Raad voor Maatschappelijke Ontwikkeling/Raad voor de Volksgezondheid & Zorg.

37 RMO. (2008). *Versterking van gezinnen. Versterken van de village. Preadvies over gezinnen en hun sociale omgeving.* Den Haag: Raad voor Maatschappelijke Ontwikkeling/Raad voor de Volksgezondheid & Zorg.

38 NJI. (2010). *De kracht van de pedagogische civil society. Versterking van een positieve sociale opvoed- en opgroeiomgeving.* Utrecht: Nederlands jeugd Instituut.

39 Bron: www.adviesorgaan-rmo.nl

40 Winter, M. de. (2011). *Verbeter de wereld, begin bij de opvoeding. Vanachter de voordeur naar democratie en verbinding.* Amsterdam: SWP.

41 NJI. (2010). *De kracht van de pedagogische civil society. Versterking van een positieve sociale opvoed- en opgroeiomgeving.* Utrecht: Nederlands jeugd Instituut.

42 Winter, M. de, Levering, B., & Koops, W. (2007). *Het kind als spiegel van de beschaving.* Amsterdam: SWP.

43 Winter, M. de, Levering, B., & Koops, W. (2007). *Het kind als spiegel van de beschaving.* Amsterdam: SWP.

44 Winter, M. de, Levering, B., & Koops, W. (2008). *De opvoeding als spiegel van de beschaving.* Amsterdam: SWP.

45 RMO. (2012). *Ontzorgen en normaliseren. Naar een sterke eerstelijns jeugd- en gezinszorg.* Den Haag: Raad voor Maatschappelijke Ontwikkeling.

46 Hilhorst, P. & Zonneveld, M. (2013). *De gewoonste zaak van de wereld. Radicaal kiezen voor de pedagogische civil society.* Den Haag: Raad voor Maatschappelijke Ontwikkeling.

47 Hilhorst, P. & M. Zonneveld. (2013) *De gewoonste zaak van de wereld. Radicaal kiezen voor de pedagogische civil society.* Den Haag: Raad voor Maatschappelijke Ontwikkeling.

48 Herder, O., Vos, F., Geurden, A., Bij, A. van der. & Bruinsma, S. (2011). *Welzijn Nieuwe Stijl & de 3D's.* Leeuwarden: Gemeente Leeuwarden.

49 Gemeente Leeuwarden. (2012) Visie en uitgangspunten drie decentralisaties. Leeuwarden: Gemeente Leeuwarden.

50 Herder, O., Vos, F., Geurden, A., Bij, A. van der. & Bruinsma, S. (2011). *Welzijn Nieuwe Stijl & de 3D's.* Leeuwarden: Gemeente Leeuwarden.

51 Herder, O., Vos, F., Geurden, A., Bij, A. van der. & Bruinsma, S. (2011). *Welzijn Nieuwe Stijl & de 3D's.* Leeuwarden: Gemeente Leeuwarden.

52 Hintum, M., van. (2013) Het kind centraal of een groot experiment? De transitie van de jeugdzorg. Achtergrondgesprek. *MGv. 1*: 9-13

53 Hilhorst, P. & M. Zonneveld. *De gewoonste zaak van de wereld. Radicaal kiezen voor de pedagogische civil society.* Den Haag: Raad voor Maatschappelijke Ontwikkeling.

54 Noordzij, M. (2010). Echt wel! De aanpak van gedragsproblemen. Handboek voor ouders, docenten en hulpverleners. Warmond: Uitgeverij De Merel.

55 Noordzij, M. (2010). Echt wel! De aanpak van gedragsproblemen. Handboek voor ouders, docenten en hulpverleners. Warmond: Uitgeverij De Merel.

56 Noordzij, M. (2010) Samenwerking tussen school en zorg. Bron: http://www.echtwel.info/Paginas%20_van_Leerkracht_1_05-2012_LR8.pdf

57 Hilhorst, P. & M. Zonneveld. *De gewoonste zaak van de wereld. Radicaal kiezen voor de pedagogische civil society.* Den Haag: Raad voor Maatschappelijke Ontwikkeling.

58 Hintum, M., van. (2013) Het kind centraal of een groot experiment? De transitie van de jeugdzorg. Achtergrondgesprek. *MGv. 1*: 9-13

59 Winter, M. de. (2011). *Verbeter de wereld, begin bij opvoeding. Vanachter de voordeur naar democratie en verbinding.* Amsterdam: SWP.

60 Vermeiren, R. (2012). *De (echte) ADHD'er gestigmatiseerd.* Bron: http://www.artsennet.nl/opinie/artsen-blogs/Robert-Vermeiren/Blogbericht-Robert-Vermeiren/111294/De-echte-ADHDer-gestigmatiseerd.htm.

61 Vermeiren, R. (2012). *ADHD heb je niet zomaar (deel 1).* Bron: http://www.artsennet.nl/opinie/artsen-blogs/Robert-Vermeiren/Blogbericht-Robert-Vermeiren/119130/ADHD-heb-je-niet-zomaar-deel-1.htm.

62 Vermeiren, R. (2012). *ADHD heb je niet zomaar (deel 2).* Bron: http://www.artsennet.nl/opinie/artsen-blogs/Robert-Vermeiren/Blogbericht-RObert-Vermeiren/119320/Elke-ADHD-is-uniek-deel-2.htm.

63 Vermeiren, R. (2012). *ADHD Behandel je individueel (deel 3).* Bron: http://www.artsennet.nl/opinie/artsen-blogs/Robert-Vermeiren/Blogbericht-Robert-Vermeiren/119780/ADHD-behandel-je-individueel-deel-3.htm.

64 Vermeiren, R. (2012). *Reflectie op de toename van ADHD (deel 4-1).* Bron: http://www.artsennet.nl/opinie/artsen-blogs/Robert-Vermeiren/Blogbericht-Robert-Vermeiren/120777/Reflectie-op-de-toename-van-ADHD-deel-41.htm.

65 Vermeiren, R. (2012). *Reflectie op de toename van ADHD (deel 4-2). Een individu staat in zijn omgeving.* Bron: http://www.artsennet.nl/opinie/artsen-blogs/Robert-Vermeiren/Blogbericht-Robert-Vermeiren/121005/Reflectie-op-de-toename-van-ADHD-deel-42.htm.

66 Dijke, A. van., Lamers, F., Talhout, M., Terpstra, L., & Wind, A. de. (2012). *Wie zijn de meiden van Asja. De gang naar de jeugdprostitutie.* Amsterdam: SWP.

67 Dijke, A. van., Lamers, F., Talhout, M., Terpstra, L., & Wind, A. de. (2012). *Wie zijn de meiden van Asja. De gang naar de jeugdprostitutie.* Amsterdam: SWP.

68 Ward, H. (2009). Patterns of instability: Moves within the care system, their reasons, contexts and consequences. *Children and youth services review, 3,* 1113-1118.

69 Hamerlynck, S.M.J.J., Jansen, L.M.C., Doreleijers, Th. A.H., Vermeiren, R.R.J.M. & Cohen-Kettenis, P.T. (2009). Civiel- en strafrechterlijk geplaatste meisjes in justitiële jeugdinrichtingen; psychiatrische stoornissen, traumatisering en psychosociale problemen. *Tijdschrift voor Psychiatrie, 51*(2), 87-96.

70 Curium-LUMC. (2008.) Delinquente meisjes. Meer zorg en nazorg nodig voor meisjes in jeugdinrichtingen. Bron: http://www.curium.nl/Default.aspx?ID=47&M=News&PID=8&NewsID=10

71 Sweers, A. (2009). Meisjes in ernstige problemen na jeugddetentie. *Zorg en Welzijn.* Bron: http://www.forca.nu/LinkClick.aspx?fileticket=O_Id1HuptxA%3D&tabid=70&language=nl-NL

72 Hintum, M., van. (2013) Het kind centraal of een groot experiment? De transitie van de jeugdzorg. Achtergrondgesprek. *MGv. 1:* 9-13

73 Dijke, A. van., Lamers, F., Talhout, M., Terpstra, L., & Wind, A. de. (2012). *Wie zijn de meiden van Asja. De gang naar de jeugdprostitutie.* Amsterdam: SWP.

74 Lamers-Winkelman, F. (2006). Lezing tijdens het openingcongres van het Kinder- en Jeugdtraumacentrum Friesland.

75 Ministerie van VWS. (2009) *Advies Aanpak Stuurgroep Aanpak Kindermishandeling.* Den Haag: Ministerie van Volksgezondheid, Welzijn en Sport.

76 De Onderzoeksraad voor Veiligheid. (2011). *Over de fysieke veiligheid van het jonge kind. Themastudie: voorvallen van kindermishandeling met fatale of bijna fatale afloop.* Den Haag: Onderzoeksraad voor Veiligheid.

77 Gezondheidsraad. (2011). Behandeling van de gevolgen van kindermishandeling. Den Haag: Gezondheidsraad.

78 Bureau Kinderombudsman. (2012). *Kinderrechten Monitor.* Den Haag: Bureau Kinderombudsman.

79 Psy.(2011). *Veel meisjes in Jeugdzorg Plus slachtoffer gedwongen prostitutie.*Bron: http://www.psy.nl/meer-nieuws/dossier/Artikel/jeugdzorgplus-een-op-drie-meisjes-komt-uit-gedwongen-prostitutie/.

80 Curium-LUMC. (2008.) Delinquente meisjes. Meer zorg en nazorg nodig voor meisjes in jeugdinrichtingen. Bron: http://www.curium.nl/Default.aspx?ID=47&M=News&PID=8&NewsID=10

81 Brouwer, Z., Leeuwen, M. van, Woudenberg, A. van & Winnubst, P. (2012). *Zorg en voorzieningen voor kinderen en gezinnen Jeugdzorg, jeugd-GGZ en jeugd-LVB. Een overzicht van de vormen van jeugdzorg die onder gemeentelijke regie gaan vallen.* Baambrugge: De Jeugdzaak.

82 Hilhorst, P. & M. Zonneveld. (2013). *Phillip Blond: Naar een hogere cultuur van onderop.* In: De gewoonste zaak van de wereld. Radicaal kiezen voor de pedagogische *civil society.* Den Haag: RMO.

OVER FIER

Expertise en behandelcentrum op het terrein van geweld in afhankelijkheidsrelaties

Fier is een expertise- en behandelcentrum op het terrein van geweld in afhankelijkheidsrelaties. Geweld in afhankelijkheidsrelaties is een bredere term dan kindermishandeling of huiselijk geweld. Het betreft alle vormen van geweld die plaatsvinden in relaties waarin mensen afhankelijk zijn van elkaar, zoals kindermishandeling; oudermishandeling; ouderenmishandeling; huiselijk geweld; seksueel geweld, waaronder incest en groepsverkrachtingen; *dating violence*; eergerelateerd geweld; loverboyproblematiek en (internationale) mensenhandel en vrouwelijke genitale verminking.

Onze doelgroep bestaat uit kinderen, jongeren, volwassenen en ouderen; slachtoffers, plegers en getuigen van geweld (vaak kinderen). Kinderen nemen een speciale positie in bij Fier omdat ze afhankelijk zijn van volwassenen. We kiezen steeds voor de meest kwetsbare, schrijnende of complexe situaties. Zoals buitenlandse mensenhandel omdat mensenhandelaren er niet voor terugschrikken kinderen van vijf jaar te kopen van weeshuizen of minderjarigen uit vluchtelingenkampen te roven en in Nederland in de prostitutie te brengen. Of meiden uit eerculturen waar het een groter vergrijp is om incest naar buiten te brengen – omdat dit de familie-eer schaadt – dan om je zus of nicht te verkrachten.

Geweld in afhankelijkheidsrelaties vindt plaats in het geheim. Terwijl het één van de grootste maatschappelijke vraagstukken is, lijkt het soms alsof het er niet is. Daarom ziet Fier het als haar taak om bij de politiek en in de samenleving voortdurend aandacht te vragen voor dit fenomeen.

Onze opdracht is: voorkomen van geweld, stoppen van geweld en hulp bieden bij de gevolgen van geweld. Als expertisecentrum willen we inspelen op ontwikkelingen in de samenleving en een leidende rol innemen op ons werkterrein.

Colofon

Kinderen, mij een zorg
Betekenis en grenzen van de pedagogische civil society
Anke van Dijke, Linda Terpstra

ISBN 978 90 8850 421 1
NUR 840

Omslagontwerp
Groot Haar + Orth

Vormgeving
Redactiebureau Ron Heijer, Markelo

Uitgever
Paul Roosenstein

Voor informatie over overige uitgaven van Uitgeverij SWP:
Postbus 257, 1000 AG Amsterdam
Telefoon: (020) 330 72 00
Fax: (020) 330 80 40
E-mail: swp@mailswp.com
Internet: www.swpbook.com